Wer nach Grundsätzen handelt, das Recht wahrnimmt und es in Taten umsetzt, verändert die Dinge und Verhältnisse.

Henry David Thoreau

Eh' nicht klar ist, wo die Richtung ist, kann nur jeder Schritt verkehrt sein.

Eugen Drewermann

Für meine Mutter.

Und für Uta.

René Hirschfeld

BESINNT EUCH

Ermutigung zu Eigenverantortung
In Zeiten wachsender Fremdbestimmung

© 2022 René Hirschfeld

ISBN Softcover: 978-3-347-60233-5
ISBN Hardcover: 978-3-347-60234-2
ISBN E-Book: 978-3-347-60235-9

Druck und Distribution im Auftrag des Autors:
tredition GmbH, Halenreie 40-44, 22359 Hamburg, Germany

Vorwort

In einer Zeit der zunehmenden Verkomplizierung und Ausuferung ist dieses Büchlein ein Fundstück: Einfach und auf den Punkt gebracht analysiert Hirschfeld die derzeitige Lage und zeigt darüber hinaus Möglichkeiten eines alternativen Lebensentwurfs auf. In aller Knappheit will es zum Nachdenken anregen. Dabei lässt sich der Essay mühelos „von einem Deckel zum anderen" in einem Zuge durchlesen.

Denn es will hier nicht ums Lesen, sondern ums Leben gehen: Hier ist man zur Eigenverantwortung aufgerufen und, was noch schöner ist, geradezu ermutigt.

Kurz und deutlich wird diese materialistische Gesellschaft, deren Ausrichtung nur aufgrund der Gewohnheit oft gar nicht mehr hinterfragt wird, erstens gesehen und zweitens entlarvt, wobei der Widersinn vieles routiniert Gedachten und Gelebten geradezu ins Auge sticht. Und nicht zuletzt werden Auswege angesprochen, deren Grundlage in einem überzeugten, ja entspannten Verzicht zu finden ist. Nur so ist eben auch eine Umsetzung des Gedachten zu erwarten und es bleibt nicht bei der bloßen Analyse des Status quo.

Selbst der Umfang des Büchleins ist ein Zeichen dieses überzeugten Verzichtes, indem der Autor nicht viele Worte macht und machen möchte.

Letztlich geht es um die Rückbesinnung des heute zum Verbraucher degradierten Menschen auf eines seiner ureigenen Ziele: ein glückliches Leben zu führen. Wer atmet nicht schon bei dem Gedanken daran auf und kann sich für diesen Moment von allem Hinterherjagen mit einem Lächeln abwenden?

Aber Hirschfeld mahnt auch zu Ethik und Moral als Anker im Zusammenleben, zwei Begriffe, die schon seit einiger Zeit immer weniger ausgesprochen und gedacht und sogar im schlimmsten Fall nachsichtig belächelt werden. Dabei geben sie erst Kraft und Ausrichtung für die Eigenverantwortung, die heute so gern zur „Selbstbestimmung" mutiert.

Wird also der nächste Band den Titel tragen: „Benehmt euch!"?

Ich denke, in diesem Essay ist in dieser Hinsicht schon alles gesagt, im Grunde. Der Weg von der Besinnungslosigkeit hin zur Besinnung ist eben auch mit Würde und Rücksicht verbunden und findet seinen Ausdruck in wachsendem Glücklichsein.

Korvin Reich

Einleitung

Muss das sein?
Kann jetzt schon jeder dahergelaufene Musiker
eine politische Meinung haben? Und muss er
die dann auch noch als Buch herausbringen?

Ja, ich glaube, es muss sein!

Wir sind durch die immer stärkere Trennung
von Fachlichem und Menschlichem in eine Situation geraten, da unsere Gesellschaft in Ent-
scheider und Mitläufer geteilt zu sein scheint:
Es gibt jene, die von Berufs wegen wissen, wie
unser aller Leben zu sein hat, wie es sich entwickeln soll und was dafür getan werden muss.
Und es gibt jene, denen dieses „Wissen" mitge-
teilt wird und die dann – falls überhaupt –
ihren Anteil beitragen dürfen.
Oder auch nicht.

Ich glaube, dass dieses Gesellschaftsmodell uns
nicht weit bringen wird.

Der britische Dirigent Sir Simon Rattle sprach
schon vor etlichen Jahren davon, dass die Zeiten vorbei sind, wo einfach nur „gute Arbeiter"

auf jedem Gebiet gebraucht werden. Nötig sind kreative Menschen, die sich einbringen.

Mit kreativ meine ich in diesem Fall nicht, dass jeder und jede Gedichte schreiben oder einen Töpferkurs besuchen soll, obwohl das sicher auch eine Bereicherung des eigenen Lebens sein kann.

Unter kreativ verstehe ich in diesem Zusammenhang das Entfalten unseres Potenzials, Dinge zu sehen und zu verändern, und dies vielleicht auf eine Weise, die nicht dem entspricht, was wir und andere bislang gewohnt sind.

Dazu gehört auch, dass wir uns einmischen, dass wir mitmischen und mitgestalten.

Schon immer war ich ein Mensch, der sehr sensibel auf gesellschaftliche Prozesse reagiert hat. Und wenn ich fand, dass etwas in die falsche Richtung ging, habe ich meine Meinung geäußert, mich positioniert und eingemischt.

Doch was ist die falsche Richtung?

Alles, was den Menschen seines inneren Friedens beraubt, alles, was ihn zu Dingen zwingt, die ihn mehr belasten, als ihm zu nützen. Der falsche Weg ist der Weg, auf dem Mitmenschlichkeit verloren geht und wir die gesamte Welt nur noch in Kategorien wahrnehmen, nur noch schwarz oder weiß sehen. Der falsche Weg ist der Weg gegeneinander, der Weg voneinander weg.

Und es ist der Weg, der nicht mehr beides im Blick hat: Das Wohl des einzelnen Menschen und die Tatsache, dass wir eingebettet sind in die Natur, dass wir diese Erde, diese Welt, ja selbst unseren Körper weder besitzen, noch erobern, noch vollständig kontrollieren können.

Das romantische Bild, dass wir Künstler in einem Elfenbeinturm sitzen und uns nur mit weltfremden Dingen von Schönheit und mit philosophisch abgehobenen Spekulationen über Wolkenkuckucksheime beschäftigen, ist grundfalsch.

Künstler nehmen sehr genau wahr, welche Atmosphäre gerade bei den Menschen herrscht, die ins Konzert kommen oder eine Ausstellung anschauen, vor allen wenn sie uns ansprechen. Zu allen Zeiten hatte Kunst auch etwas fast Seismographisches, hat gesellschaftliche Tendenzen atmosphärisch gespiegelt.

Wir waren und sind sehr nah dran. Wir sind die ersten, bei denen gespart wird und die als „nicht systemrelevant" etikettiert werden, obwohl jeder weiß, wie wichtig kulturelle Bildung für die geistige Entwicklung und den Zusammenhalt in einer Gesellschaft ist.

Und die meisten von uns Künstlern geben ihr Wissen an die nächste Generation weiter, indem sie unterrichten. Somit sind sie in ständigem, engem Kontakt zu Kindern und Jugendlichen. Selbst kann ich seit Jahren beobachten, wie die gesellschaftlichen Entwicklungen sich auf die Kinder und Jugendlichen auswirken, die zu mir in den Unterricht kommen. Das, was ich da erfahre, ist einerseits das wunderbare Potenzial an Freude, Erfindungs- und Entdeckerfreude, an Mitteilungsbedürfnis und Liebe, das in jedem Kind steckt. Andererseits sehe ich aber eben auch, wie brüchig diese Anlagen sind und wie schnell sie verloren gehen können, wenn eine Gesellschaft sich in die falsche Richtung im von mir oben skizzierten Sinn entwickelt.

Das vorliegende Büchlein bietet keine politischen Patentrezepte. Es ist auch kein Aufruf zum Umsturz! Es ist stattdessen eine Anregung zu einer leisen, inneren Veränderung ausgehend von einer fragmentarischen Analyse des

Bestehenden. Es ist ein Aufruf zum Hinterfragen unserer Lebensprämissen.

Und es ist - hoffentlich - eine Ermutigung, zum eigenständigen Denken, zum Fühlen und zur Besinnung.
Denn nur wenn wir selbst einen besseren Weg einschlagen, hat unsere Gesellschaft eine Chance, den falschen zu verlassen.

Die Säulen der Macht

Zugegeben: Ein wirklich und in allen Facetten selbstbestimmtes Leben ist nicht möglich. Das war es nie und wird es auch nie sein. Selbst wenn wir wie Henry David Thoreau in die Wälder gehen und uns dem Staat entziehen könnten, wären wir Zwängen und Notwendigkeiten unterworfen: Nahrung, Obdach, unseren körperlichen und geistigen Konditionierungen, dem Umgang mit Alter und Krankheit...
Der Gedanke, das „eigene Leben herstellen" zu können, ist und bleibt eine Illusion.

Dennoch: Es gibt Möglichkeiten, Spielräume.

Und hier kommt die Eigenverantwortung zum Tragen. Wir können, wenn wir entsprechend reflektieren, über weite Strecken selbst entscheiden, ob wir die positiven, heilsamen Tendenzen in uns und in unserem Leben stärken wollen oder die destruktiven, uns und andere schädigenden.
Und diese Entscheidung hat nichts, aber auch gar nichts zu tun mit der Art von Gesellschaftsordnung, in der wir leben.

Man kann nun aber, und sollte auch, diesen Gedanken einmal auf unsere gegenwärtige Gesellschaftsordnung hin durchleuchten.

Erstens: Oberstes Gut der westlichen Gesellschaftsform der Gegenwart ist der materielle Gewinn. Dieser hat als allein seligmachendes Ziel Glaube, Ethik, Gewissen und Fürsorge füreinander weitgehend abgelöst.

Gewinn aber ist ein sich selbst potenzierendes Prinzip, denn wenn Gewinn erwirtschaftet ist und man hält an diesem Prinzip fest, muss immer noch mehr Gewinn gemacht werden.

Dazu ist also zweitens ein ständiges Wachstum nötig. Ständiges Wachstum, also ein Wachstum, das nicht zyklisch verläuft sondern permanent, ist ein unnatürliches Phänomen, ja man kann daher sagen ein krankhaftes (und krank machendes) Phänomen. Wir kennen es beispielsweise von Krebszellen. Diese wachsen so lange weiter, bis sie ihren Wirt zerstört haben.

Um nun dieses andauernde materielle Wachstum zu sichern, muss drittens jeder ständig konsumieren.

Da aber die normalen Bedürfnisse des Menschen, wenn er nicht allzu sehr von Gier verblendet ist, der Überproduktion, die für das ständige Wachstum notwendig ist, nicht gewachsen sind, müssen künstlich Bedürfnisse geschaffen werden, womit wir bei der Werbung sind, einer von mehreren Formen von Propaganda als systemerhaltender Methode.

Der Medizin-Nobelpreisträger Konrad Lorenz hat bereits Anfang der 1970er-Jahre aufgezeigt, dass die Leuchtreklame in den westlichen Metropolen sich im Prinzip nicht von den damaligen ideologischen Spruchbändern auf dem Moskauer Roten Platz unterscheidet: Beide dienen der Indoktrinierung der Massen.

Diese Indoktrinierung aber führt viertens zur Zerstörung ursprünglicher menschlicher Werte und speist sich wiederum selbst daraus. Denn solange den Menschen ein Gewissen innewohnt, sie an einer ethischen Ausrichtung Halt finden, an die Kraft von echter Religion und Spiritualität glauben, sind sie im Sinne eines machthungrigen Systems nicht beeinflussbar genug.
Das System braucht also fünftens die möglichst perfekte Kontrolle der Massen, und zwar physisch und mental.

Durch die Zwangsdigitalisierung werden die Kontrollmöglichkeiten derzeit perfektioniert wie noch nie. Es ist eine solche, also eine Digitalisierung als staatlicher Zwang, spätestens seit es nicht mehr erlaubt ist, die Steuererklärung in Papierform abzugeben.

Und solange wir denken, das Netz hilft uns oder wir könnten es gar „am System vorbei" nutzen, sollten wir vorsichtig sein: Können wir wirklich glauben, das Internet wurde erfunden, damit Menschen zueinander kommen, ihre Mitte stärken, sich über Ungerechtigkeiten und Fehlentwicklungen in genau jenem System austauschen, welches dieses Netz so rasant ausbaut?

Ist das nicht völlig unlogisch?

Die derzeit allerorten zunehmende Zensur zeigt es überdeutlich: Das Internet ist in erster Linie die mit Abstand größte Kontrollmaschinerie seit Bestehen der Menschheit.

Wenn wir glauben, wir könnten es nutzen, ohne kontrolliert zu werden, sind wir schon auf die Propaganda hereingefallen.

Das Prinzip der Kontrolle ist natürlich nicht neu. Seit jeher haben die Herrschenden versucht, die Menschen zu kontrollieren, um ihre Macht zu erhalten. Im Mittelalter wussten die Vertreter der Obrigkeit sehr gut, dass sich kreisförmig schließende Straßenzüge leichter zu kontrollieren und abzusperren sind als offene oder stark verzweigte, und die mächtige katholische Kirche war nicht die erste und nicht die letzte Institution, die darauf baute, dass Menschen, die Angst haben, besser zu kontrollieren sind.

Diese Angst kann auf verschiedenen Ebenen als Druckmittel genutzt werden: physisch, verbal, mental. Immer aber fanden gesamtgesellschaft-liche Verbrechen mit der Rechtfertigung eines angeblich hohen, ja bisweilen „heiligen" Zieles statt, sei es die Reinheit des Glaubens, die Reinheit von Kultur und „Rasse", die „Gleichheit" und Gesundheit aller Menschen et cetera.

In diesem kurzen Überblick finden wir nun bereits die wesentlichen Säulen der Macht in unserer westlichen Gesellschaft:

- Profit und Konsum,

- Säkularisierung,

- Angst und

- Kontrolle.

Diese vier Säulen fußen alle auf dem einen Fundament, ohne welches sie zusammenbrechen würden, und das ist die Propaganda.

Bevor ich darauf näher zu sprechen komme, möchte ich ein paar Aspekte der genannten vier Punkte gern etwas näher beleuchten. Es geht dabei im nächsten Abschnitt in erster Linie um den Einfluss, den diese Strukturen auf die Kunst und auf die Bildung haben. Diese Gedanken lassen sich aber ohne Mühe auch auf andere Teilbereiche unserer Gesellschaft übertragen.

„Der Markt, der Markt, der hat immer Recht"

Die Überschrift ist eine Abwandlung eines der absurdesten Lieder, die in der DDR zur ideologischen Manipulation der Bevölkerung dienten: „Die Partei, die Partei, die hat immer recht." Kaum jemand kann sich heute so einen Blödsinn noch vorstellen, doch ich habe ihn selbst erlebt. Dabei übersehen wir, dass unsere Gesellschaft von ähnlichen Doktrinen vielleicht weniger weit entfernt ist, als wir glauben. Der Unterschied besteht darin, dass niemand mehr auf die Idee käme, solche Inhalte derartig plump zu formulieren.

Über das besagte Lied lachte damals (fast) die gesamte ostdeutsche Bevölkerung. Heute jedoch wird die Doktrin vom Markt, der nicht nur alles regelt, sondern dem auch alles unterzuordnen ist, von den meisten Menschen willig akzeptiert.

Die nahezu manische Ausrichtung unserer Gesellschaftsordnung auf Profit und Konsum beschränkt sich bei Weitem nicht nur darauf, dass wir Dinge kaufen sollen, die wir nicht benötigen, oder dass notwendige Produkte zielgerichtet mit „eingebautem Verfallsdatum" hergestellt werden, damit die Firmen durch den unabwendbaren Nachkauf wieder verdienen können. Diese Doktrin durchzieht sämtliche Bereiche unseres Lebens.

Essenziell notwendige Bereiche wie Gesundheitswesen, Pflege, Energieversorgung und Transportwesen sind zu großen Teilen in privater Hand und so organisiert, dass nicht die bei den Menschen ankommende Qualität oberstes Gebot ist, sondern der pekuniäre Nutzen für die Betreiber.

Da werden Kliniken geschlossen und Pflegestellen abgebaut, während gleichzeitig eine ganze Gesellschaft in Geiselhaft genommen wird mit dem Argument, die Krankenhäuser seien überlastet.

Die Energiepreise können ins Unermessliche steigen, denn die Versorgung mit Energie und Wohnraum ist hierzulande längst kein selbstverständliches Recht mehr, sondern ein Privileg jener, die es sich leisten können. Die anderen müssen eben frieren oder in Gegenden umziehen, die noch nicht gentrifiziert sind. Hauptsache die Rendite stimmt.

Dies alles wird von der Politik nicht nur zugelassen, sondern auch noch unterstützt.

Auch Kunst und Kultur geraten zunehmend unter die Krakenarme staatlicher Fördermittelvergabe.

Wohlgemerkt: Natürlich müssen Kunst und Kultur subventioniert werden, ansonsten müssten sie sich eben auch den „Marktgesetzen" unterordnen und es gäbe für inhaltlich freie künstlerische Arbeit kaum noch Raum, da nur noch das geschaffen werden könnte, was auch genügend Geld einbringt, also massentaugliche, wenig anspruchsvolle „Ware". Kunst und Kultur waren immer schon von Förderung und Mäzenatentum abhängig.

Worauf ich hinaus möchte, ist die Tatsache, dass inzwischen weniger das künstlerisch Schöpferische um seiner selbst willen gefördert wird, sondern entsprechende Gremien entscheiden, welches Konzept denn nun gerade am besten klingt. Dies sind in der Regel dann Konzepte, die dem herrschenden Zeitgeist entsprechen, also entweder ihren Schwerpunkt auf die Digitalität setzen oder besonders spektakulär daherkommen oder andere ideologischen Tendenzen bedienen wie Gender, cancel culture oder gar zu tagespolitischen Themen passen. Und diese Gremien sind nicht unbedingt immer von

Künstlern und Fachleuten besetzt, sondern oft genug von kulturpolitischen Entscheidungsträgern. Letztlich also geht es wieder einmal nicht darum, durch entsprechende Strukturen dafür zu sorgen, dass sich Kunst eigenständig entfalten darf, sondern darum, dass sie sich auf eine Weise entwickeln soll, die dem System angemessen ist. Auf diese Weise kann man die äußere Entwicklung dessen, was an Kunst geschaffen wird, recht gut beeinflussen.

Menschen wie mir, die in der DDR bereits zur Genüge mit kulturpolitischen Richtungsvorgaben konfrontiert waren, bereitet dies verständlicherweise nicht wenig Unbehagen. Dabei geht auch hier, wie in vielen anderen Bereichen, die Schere der Spaltung immer weiter auseinander: Einige wenige große und auch künstlerisch oft wirklich hochqualitative Institutionen gelten als Aushängeschilder, während die kleinen von Antragsfrist zu Antragsfrist um ihr Überleben kämpfen. Dass dabei die Großen – natürlich auch aufgrund ihres Status und des finanziell sicheren Polsters – auf hohem Niveau arbeiten können und den Kleinen oft das Grundnotwendigste fehlt, gehört zum Prinzip.

Auch im Bildungsbereich sieht es nicht viel besser aus. Jochen Krautz beschreibt in seinem Artikel „Neoliberale Bildungsreformen als Herrschaftsinstrument" die Hintergründe der derzeitigen Bildungspolitik eindringlich und sinnfällig. Dies muss ich hier nicht wiederholen. Grundsätzlich gilt:

Im gesamten Bildungsbereich geht es nicht mehr um Bildungsvermittlung mit dem Ziel, dass Schüler und Studenten durch Vermittlung von Werten und Wissen in die Lage versetzt werden, sich zu eigenständig denkenden Persönlichkeiten im humanistischen Sinn entwickeln zu können.

Es geht darum, „Kompetenzen" zu vermitteln, um Bürger heranzubilden, die in diesem System möglichst gut funktionieren. Man könnte nun fragen, was falsch sei an Kompetenzen wie Teamfähigkeit, an Kommunikationsstrukturen, digitaler Kompetenz et cetera? Und prinzipiell ist daran natürlich nichts verkehrt. Verkehrt wird es, wenn die sogenannte Teamfähigkeit das echte, empathische Miteinander ersetzt, wenn das Erlernen vorgefertigter Kommunikationsstrukturen verhindert, dass man wirklich offen, spontan und direkt miteinander spricht und eben nicht nur eine Struktur bedient.

Falsch wird es, wenn die digitale Kompetenz dazu führt, dass junge Menschen vor lauter digitalen Möglichkeiten verlernen, wie es ist, sich ein Erfolgserlebnis zu erarbeiten, mit langem Atem und echter Hingabe, wenn sie verlernen, den fühlenden Menschen zu sehen hinter all den Apps und Messages und Klicks und Likes.

Aber das ist auch gar nicht gewünscht, denn es wäre ja verheerend, wenn plötzlich die gesamte Jugend merken würde, dass es bei der ihnen vermittelten Bildung gar nicht in erster Linie um sie geht, ja generell gar nicht um die Menschen, sondern darum, sie systemkonform zu erziehen.

Dazu gehört auch, dass genau jene Bereiche der Bildung immer weiter ausgehöhlt oder sogar ganz abgeschafft werden, die über das mechanische Aneignen von ausgewähltem (!) Faktenwissen und die Vermittlung eben jener modernistischer Kompetenzen hinausgehen. Schon in der Antike war bekannt, dass Kunst, Musik, Poesie einen mindestens ebenso großen Beitrag zur Bildung einer Persönlichkeit leisten wie Arithmetik und Geometrie. Nicht erst seit der Renaissance weiß man, dass die Ausbildung eines Sinns für Schönheit mit der Bildung der menschlichen Tugenden Hand in Hand geht. Dennoch sind es genau jene Fächer, auf die unser Bildungssystem meint, verzichten zu können.

Kreativität, auch in anderen Fächern, wurde und wird der Gleichmacherei geopfert. Ich habe selbst in meinem Leben etliche Kinder unterrichtet, in Violine, Klavier und Komposition und finde es erschreckend zu erleben, wie verkümmert Fantasie und Kreativität bei vielen sind, wie jene, die noch Zugang dazu haben, mit jedem Jahr, das sie länger zur Schule gehen, mehr davon verlieren und wie parallel dazu Leistungsangst, konformes Denken und das Gefühl zunehmen, etwas genau so oder so „abliefern" zu müssen. Statt all diese für unser psychisches Überleben so essenziellen Fähigkeiten zu fördern, werden die jungen Menschen regelrecht „getunt", damit sie später gut funktionieren.

Noch immer haben die Verantwortlichen scheinbar nicht begriffen, dass man jenes Geld, das man heute bei der umfassenden Persönlichkeitsbildung spart, später doppelt für

Verbrechensbekämpfung ausgeben muss, dass aus Menschen, die als Teile eines allmächtigen Marktes erzogen wurden, keine menschliche Gesellschaft erwachsen kann.

Für eine wirkliche Persönlichkeitsbildung im humanistischen Sinn reicht es eben nicht aus, in Alibifächern wie Ethik oder Religion überkommene moralische „Regeln" oder Glaubenssätze isoliert erklärt zu bekommen. Das Credo menschlicher Werte muss sich durch alle Bereiche ziehen, Zusammenhänge müssen vermittelt und begreifbar gemacht werden zwischen Tugend, Ästhetik, Spiritualität, anschaulichem und abstraktem Denkvermögen sowie sozialen Grundvoraussetzungen wie Empathie, Respekt und Offenheit.
Doch all dies findet in der Regel nicht statt.
Es ist auch nicht erwünscht.

Stattdessen werden Menschen herangezogen, für die die genannten Werte nur noch abfragbare und durch Noten bewertbare Worthülsen sind, gefüllt mit jenen Inhalten, die das geltende Narrativ von der so ungemein fortschritttlichen, besten aller möglichen Gesellschaftsformen aufrecht erhält.

Kinder und Jugendliche, die im Elternhaus noch klassische Werte vermittelt bekommen, die nicht den Ellenbogen ausfahren und nicht mit den neuesten elektronischen Spielzeugen glänzen können, womöglich noch nicht einmal in sozialen Netzwerken aktiv sind, sondern sich lieber mit ihren Freunden treffen oder zeichnen, Musik machen, Schach spielen, sind oft Außenseiter. „Nett" ist ein Synonym für „blöd" geworden. Durch Leistungsdruck werden die jungen Menschen in Angst gehalten. So bleibt ihre Entwicklung in die „richtige Richtung" unter Kontrolle.

In der DDR gab es die Formulierung von der „Heranbildung der sozialistischen Persönlichkeit". Wir brauchen nur das Wort „sozialistisch" durch „neo-kapitalistisch" zu ersetzen und sehen, dass das Prinzip das gleiche ist. Dies zu verwirklichen ist Aufgabe unseres Bildungssystems. Dieses Ziel als wünschenswert in den Köpfen zu verankern, ist wiederum eben – neben der Erziehung zu Konsum, Profitgier, Unverbindlichkeit und Oberflächlichkeit – eine der vielen Aufgaben staatlicher Propaganda.

Die Bedeutung von Propaganda

Die Geschichte des Propaganda-Begriffs geht bis zu Papst Gregor XV. zurück, der 1622 im Zuge der Gegenreformation die *Sacra congregatio de propaganda fide, die* Heilige Kongregation für die Verbreitung des Glaubens, ins Leben rief. Etwa seit der Französischen Revolution wird der Begriff im heutigen weltlichen Sinne gebraucht. Das zugrunde liegende Prinzip unterscheidet sich in keinster Weise von dem der sogenannten „Öffentlichkeitsarbeit". Tatsächlich wurde der Begriff Propaganda vom Begründer der *public relations*, Edward L. Bernays, erst in den moderneren, weniger anrüchig klingenden Begriff *public relations* geändert.
Die Bedeutung ist dennoch dieselbe.

Aus all dem Gesagten folgt nun, dass der empfindlichste Punkt des Systems eben die Propaganda ist. Verliert sie ihre Wirkung, halten die Säulen der Macht nicht mehr stand.

Machen wir uns nichts vor: Selbst wenn wir über weite Strecken vielleicht immun gegen vordergründige Werbung sind, – hier können und sollten wir ansetzen.

Zuallererst sollten wir uns, wenn der Staat, die Medien, die Industrie oder wer auch immer uns eine Sache, eine Verhaltensweise, eine neue Regel mit nimmermüden, mantragleichen Überredungskünsten anpreist und uns erzählt, warum genau das für uns alle so wichtig, nötig, schön sei, jedes Mal sofort fragen, ob uns das Angepriesene wirklich bislang gefehlt hat. Zudem dürfen wir uns fragen, ob wir wirklich daran glauben, dass alle diese mächtigen Menschen und Institutionen uns ein Produkt, eine Vorschrift oder eine neue Regel aus reinem Altruismus verkaufen oder aufzwingen möchten, oder ob vielleicht doch eigentlich jemand anderes als wir den wirklichen Nutzen hat.

Ebenso sollten wir übrigens bei jeder in solchen Zusammenhängen häufig als Argument angeführten wissenschaftlichen Erhebung zunächst schauen, wer diese Untersuchung finanziert hat oder das Institut sponsert, welches diese Untersuchung durchführte.

Aber das nur am Rande. Wichtiger ist, dass wir uns jedes Mal fragen: Hat uns diese Institution, diese Regierung bisher immer die Wahrheit gesagt?

Wenn nicht, welchen Grund haben wir dann, ihr gerade jetzt zu vertrauen?

Vor allem aber müssen wir beginnen, ehrlich zu uns selbst zu sein und uns immer wieder fragen:

Brauche ich wirklich diese Schokolade und den löslichen Kaffee von einem Konzern, der rund um den Globus für seine verbrecherischen Machenschaften bekannt ist? Muss ich jedes Jahr zwei- oder dreimal in den Urlaub fahren oder gar fliegen? Werde ich gleich erfrieren oder ungepflegt aussehen, wenn ich mal ein ganzes Jahr lang keine neuen Klamotten kaufe? Müssen es die plastikverpackten Äpfel aus Übersee sein und Erdbeeren schon im März? Brauchen wir wirklich ständig irgendwelche mit Mikroplastik gepanschten Dusch-Gels und Kosmetika, die uns nicht gesünder und die Weltmeere kaputt machen? Reicht nicht auch Seife und Olivenöl, um die Haut zu reinigen und zu schützen?

Zahllose weitere Fragen sollten wir uns stellen, wann immer wir beobachten, dass etwas, das angepriesen wird oder wurde, uns lockt oder auch nur in unser geistiges Blickfeld gerät.

Und wenn ein System derart strukturiert ist, dass die Teilhabe am öffentlichen Leben immer teurer und durch immer mehr Vorschriften erschwert wird, kann man sich durchaus auch überlegen, ob man an den Angeboten, die dies aktiv unterstützen, überhaupt teilhaben möchte: *Will* ich überhaupt teilnehmen an einer solchen Gesellschaft?!

Jeder kann diesem System dann durchaus die Folgsamkeit kündigen und die eigenen Energien anders einsetzen, das Leben wieder selbst gestalten, spazieren gehen, lesen, singen und Hausmusik machen, sich mit echten Freunden treffen (nicht nur in sogenannten „sozialen Netzwerken"!), meditieren, studieren ...

Der Rückzug aus einem System, welches das Menschsein mit immer neuen Anforderungen, Manipulationen und Verkomplizierungen ständig weiter aushöhlt, hat nichts Asoziales, im Gegenteil! Man gewinnt den Blick und die Kraft für wirkliche Werte wieder und somit auch eine echte Basis für zwischenmenschliche Interaktion.

Es geht dabei nicht um Verzicht im asketischen Sinn, sondern darum zu hinterfragen, ob wir nicht, wenn wir glauben, den Konsum oder andere gesellschaftlich propagierte Angebote zum Glück zu brauchen, uns selbst betrügen und eigentlich nur die eigene Konditionierung füttern, – und letztlich einzig anderen nützen.

Auch ist es nicht nötig, sich zu Extremen zu zwingen. Das eigene Entscheiden ist wichtig, in vollem, klarem Abwägen, wie weit ich gehen kann und wie weit ich diese Entscheidung mit meinem Gewissen vereinbaren kann.

Bescheidenheit in der Lebensführung hat nichts mit Geiz zu tun.

Geiz ist eine Engherzigkeit, ein Nicht-Gönnen sich und anderen gegenüber aus Verhärtung oder Angst heraus.

Sparsamkeit basiert auf einer gewachsenen und vernünftigen Einsicht und kennt auch im Sparen das rechte Maß.

Bescheidenheit aber ist in ihrer echten Form ein „Nicht-mehr-Brauchen“, also in Wirklichkeit eine Form von Freiheit.

Grundsätzlich ist es in allen Bereichen unseres Lebens gut, wenn wir aufhören, irgendeiner Propaganda Folge zu leisten, auch jener, die wir selbst erschaffen.

Propaganda lebt immer von Zuordnung, Einordnung, Etikettierung:

Das ist gut, das ist schlecht, der ist dein Freund, der schadet dir, die nimmt dir was weg, jene solltest du meiden, diese kann dir nützen. All das sollten wir nicht in unser Leben lassen. Es bewirkt Spaltung nicht nur in der Gesellschaft, sondern auch in uns selbst.

Sobald wir damit aufhören, öffnen sich andere Räume in unserem Herzen, Räume für Freude, Liebe, Ethik, Spiritualität, – unabhängig von äußerem Unbill. Und wir können das Spiel, das mit uns gespielt wird, mehr und mehr durchschauen.

So werden wir wieder selbst-ständig, (von frühneuhochdeutsch *selbstand* = Person; spätmittelhochdeutsch *selbstēnde* = für sich bestehend). Wir können dann selbst stehen, auf unseren eigenen Beinen, statt nur zwischen den Säulen der Macht herumzulaufen in der Hoffnung, zwischen ihnen Schutz zu finden. Und jene, die uns manipulieren wollen, verlieren die Macht über unsere Herzen, unsere Psyche, unseren Geist, selbst wenn wir körperlich bestimmten Zwängen unterworfen sind, arbeiten müssen, damit wir essen können.

Wenn wir dieses Gefühl wieder entdecken, wird auch unser Immunsystem davon profitieren und wir werden weniger abhängig von einem ebenfalls auf Profit und Propaganda basierenden Gesundheitssystem, das eigentlich ein Pharma-Vermarktungs-System ist.

Besinnung statt Empörung

Stéphane Hessel veröffentlichte 2010 seinen Essay „Empört Euch" und im Jahr 2011 den Nachfolgeband „Engagiert Euch". In beiden Werken benennt er etliche Probleme unserer derzeitigen Gesellschaft, die vor- und nachher auch andere Denker aufgezeigt haben. Beide Texte ziehen die Energie ihrer Ermahnungen aus der Empörung als Grundhaltung und der Notwendigkeit des Widerstands gegen gesellschaftliche Missstände sowie aus der flammend verkündeten Notwendigkeit persönlichen Engagements.

Auch wenn das Anliegen berechtigt ist, sollten wir hier doch einmal hinterfragen, was es mit dieser „Empörung" als impulsgebender Haltung auf sich hat:

Sie ist ein Gefühl, letztlich die kleine, vielleicht gerechtere Schwester der Wut und des Zorns, aber letztlich ein Gefühl. Es mag dahin gestellt sein, ob Empörung hilfreich ist bei der Überwindung der eigenen Trägheit, bei der Agitation des Nachbarn, der den Kopf in den Sand stecken will, oder einfach nur dabei, sich unnötig über andere zu überheben.

Und „heiliger Zorn" – die großspurige Fortführung der Empörung, hat in der Menschheitsgeschichte genug Unheil angerichtet.

Letztlich ist, um Missstände überwinden zu können, Klarblick und individuelles wie gemeinsames, besonnenes und vor allem stetiges Handeln nötig.
Gefühle, besonders aber jede Ausprägung von Zorn, lassen a priori einen neutralen Klarblick auf die Dinge nicht zu und als Träger einer stetigen, konsequent sich treu bleibenden, Dinge verändernden Handlungsweise können sie schon gleich gar nicht taugen: Wer kann schon über Tage, Wochen, Monate oder Jahre hinweg durchgehend im Zustand der Empörung leben, ohne verrückt zu werden oder seiner gesamten Umgebung fürchterlich auf die Nerven zu fallen!

Die Energie für solche lebenswichtigen Vorhaben muss letztlich aus Einsicht und Stetigkeit kommen.
Sie muss dazu führen, dass das Bewusstsein einer notwendigen Veränderung uns alle, jeden von uns, in allen Alltagsbereichen durchdringt. Sie muss so präsent sein, dass jeder und jede

von uns zunehmend nicht mehr in jene Falle tappt, die Carl-Friedrich von Weizsäcker formuliert, wenn er im Zusammenhang mit den drei großen Themen Armut, Umwelt und Frieden sagt, dass diese Probleme eigentlich lösbar wären:

„Man kann sogar mit schlichter Vernunft, eigentlich mit dem Alltagsverstand sagen, was geschehen müsste, damit sie gelöst würden. (...) es liegt letzten Endes daran, dass unsere seelische Verfassung so ist, dass jeder von uns an irgendeiner Stelle und viele von uns an vielen Stellen das einzig Heilsame abweisen, weil jeder Angst hat, dass ihm etwas passieren würde, wenn er hier die Konzession machte, die letztlich die einzige ist, die ihn retten würde."

Unsere Gesellschaft wird sich nur dann zum Besseren ändern, wenn wir unser eigenes Leben zum Besseren ändern. Dies aber schaffen wir nur, wenn wir verstehen, was uns wirklich gut tut, wenn wir uns nicht länger belügen lassen und nicht länger selbst belügen bezüglich dessen, was wir tatsächlich für ein glückliches, erfülltes Leben brauchen, wenn wir merken, dass das meiste von dem, was wir zu brauchen glauben, uns eigentlich stört beziehungsweise nur weiter von uns selbst entfremdet.

Noch nie war für die meisten Menschen in den westlichen Industrienationen die Versorgung mit Nahrung, Kleidung, Obdach und Medizin so selbstverständlich und im Überfluss möglich und vorhanden.

Wir könnten uns also auf die Entwicklung unseres Herzens, unseres Geistes konzentrieren, auf die Entwicklung von Tugenden, Kreativität und innerer Freiheit. Und darauf, dort wirklich zu helfen, wo es nötig ist.

Was tun wir stattdessen? Wir erheben die Beschaffung der notwendigen Dinge, Kleidung und Lebensmittel, zum Event: Erlebnis-Shopping!

Wir investieren unsere Energie darein, die Befriedigung der Grundbedürfnisse zu einem Kult zu machen und diesen bis zur Abartigkeit zu steigern.

Und dort, wo Hilfe nottäte, bauen wir stattdessen Abhängigkeiten auf, wie bei der sogenannten internationalen Entwicklungshilfe, beim Hartz-IV-System oder der im obigen Kapitel über die Dominanz des Marktgedanken angesprochenen Praxis der staatlichen Fördermittelvergabe für Kunst und Kultur.

Oder wir schauen ganz weg.

Deshalb plädiere ich nachdrücklich für das Wiederentdecken der Besinnung als Ausgangspunkt zum Handeln.

Zunächst können wir uns auf das besinnen, was uns allen gemeinsam ist: Wir sind alle Menschen, und zwar von der Art des Homo sapiens. Homo sapiens ist bekanntermaßen Latein und heißt so viel wie verstehender, verständiger, vernünftiger Mensch. Hier haben wir einen ersten wichtigen Anhaltspunkt:
Wir müssen uns auf die Kraft der Vernunft und des Verstehens besinnen.
Vernunft wiederum soll nun aber nicht verstanden werden als kühler Intellekt oder als rein logisches Denken, sondern als Einsicht in die Natur der Dinge, in Notwendigkeiten, und in mögliche Konsequenzen unseres Handelns.
Und Vernunft ist bei weitem nicht alles.
Uns allen sind neben der Fähigkeit zu verstehen auch Gefühle gemeinsam, zuvörderst der Wunsch nach Geborgenheit, Gesundheit, Nicht-angefeindet-Werden. Dieser Wunsch ist dem Menschen eingeboren, in ihm sind wir tatsächlich geeint.
Selbst den Aggressivsten oder Rücksichtslosesten unserer Art wohnt diese Sehnsucht innerst

inne. Letztlich vielleicht diesen Menschen am stärksten, denn woher kommen jene uns und andere schädigenden Denk- und Verhaltensweisen? Nur aus dem Wunsch, etwas für sich selbst haben zu wollen, von dem man glaubt, es mache glücklich und zufrieden, sei dies nun ein Territorium, materielle Dinge, der Anspruch auf die Wahrheit der eigenen Meinung oder was auch immer.

Aus dem Verlust von Dingen, die der Mensch für sein Glück als notwendig erachtet, oder aus Verlangen danach, entsteht Angst. Letztlich aber ist jede, ja wirklich jede Angst in ihrem Ursprung Todesangst: Wenn wir dies oder jenes nicht bekommen oder verlieren, ist unser Leben, so wie wir es uns vorstellen, in Gefahr.

Wenn wir das verstehen, haben wir keinen Grund mehr, andere wegen ihrer vermeintlich unsinnigen Ängste herabzusetzen, und keinerlei Rechtfertigung mehr, irgend jemanden auch nur im Geringsten durch etwas, das wir tun oder sagen, mittelbar oder unmittelbar zu ängstigen. Denn unser Gegenüber ist nicht mehr jemand „anderes" mit „anderen" Ängsten.

So können wir einen sehr wesentlichen Aspekt für heilsames Handeln in uns entdecken und kultivieren: Mitgefühl und Verständnis. Und dieses Verständnis hat nichts damit zu tun, schädigende Verhaltensweisen nicht zu erkennen und auch als solche benennen zu können. Es ist kein Entschuldigen, sondern ein Verstehen. Nur eine Gesellschaft, die den Wert von Mitgefühl, Verständnis, Umsicht und Rücksicht – man könnte auch sagen Nächstenliebe – wieder versteht, kann sich zum Besseren entwickeln!

Schauen wir nun in die Vergangenheit unserer Art, so wissen wir, dass sich der Homo sapiens im Laufe der Geschichte gegenüber verschiedenen anderen Menschenformen wie beispielsweise Homo egaster, homo erectus und Homo heidelbergensis durchgesetzt hat.
Manche Historiker begründen dies mit der unserer Art innewohnenden Aggressivität, die auch für die derzeitige Zerstörung unserer Welt und Umwelt verantwortlich sei. Es gibt auch andere Theorien, nämlich, dass die Fähigkeit zur Gemeinschaftsbildung und zur besonders schnellen Wissensweitergabe in großen Gruppen das Überleben unserer Species überhaupt ermöglicht hat. Letzteres klingt natürlich tröstlicher, aber bis jetzt wissen wir noch nicht, wel-

che Theorie die richtige ist, also müssen wir mit beiden Möglichkeiten und noch einigen anderen rechnen.

Was bedeutet es nun aber für jeden und jede von uns, sich als Mitglied einer Art zu fühlen, die entweder so aggressiv ist, dass sie nicht nur alle anderen Menschenformen platt gemacht hat, sondern jetzt auch noch dabei ist, ihren eigenen Lebensraum zu zerstören, oder so klug, dass sie in Windeseile kollektives Überlebenswissen generieren und weitergeben kann, oder beides?

Gar nichts, so lange wir uns nicht darauf besinnen, was wir, jeder und jede Einzelne von uns mit diesem Dasein als Mensch anfangen wollen! Dabei spielt es letztlich auch keine Rolle, ob wir als Materialisten glauben, nach dem Tod und mit dem Zerfall des Körpers sei alles vorbei, ob wir an einen Schöpfergott und ein Jüngstes Gericht oder an Karma und Geburtenkreislauf glauben.

Es ist dieser eine Punkt, über den wir uns klar werden müssen:

Was will ich, in dieser Form, als Mensch?

Wie will ich dieses Ins-Menschentum-Gekommensein nutzen und ausfüllen, – oder eben nicht?

Die drei großen Irrtümer

Der Geigenbauer und Schriftsteller Martin Schleske schreibt so wunderbar: „Wer ein erfülltes Leben sucht, hat keine andere Wahl als zu fragen, was sich durch ihn erfüllen soll."

Und mit diesem Zitat sind wir gleich bei den drei verhängnisvollen Missverständnissen, die der westlichen Lebensart, dem modernen Entwurf des Lebens eines jeden von uns zugrunde liegen und es somit fundamental in eine falsche Richtung lenken.

Die gesamtgesellschaftlichen, politischen und kulturellen Fehlentwicklungen sind letztlich auch Konsequenzen dieser fragwürdigen Prämissen, die im Folgenden besprochen werden sollen.

Das erste Verhängnis ist die Deutung der Idee von Freiheit als die Möglichkeit, tun und lassen zu können, was man gerade eben will. Dass dies schief gehen muss, liegt auf der Hand, denn letztlich bedeutet dies nichts weiter als das primitive Ausleben unserer Konditionierungen, egal ob jüngerer oder älterer.

Hier setzt auch die moderne Propaganda an, von der Werbung bis hin zu subtileren Beeinflussungen, wie ein gesunder, fitter, glücklicher Mensch heute zu sein und auszusehen hat und was er haben muss.

Denn wenn man nur genügend neue Konditionierungen schafft und die Menschen das Ausleben dieser Konditionierungen, das „Ich-mache-was-ich-will", als Freiheit verstehen, werden sie eben letztlich genau das tun, was ihnen lange genug schmackhaft gemacht wurde.

Es wird höchste Zeit, dass wir den Begriff Freiheit nicht mehr in erster Linie definieren als „Freiheit, etwas zu tun" (auch wenn dies ein wichtiges Gut menschlicher Gesellschaft darstellt), sondern als „Freiheit *von* etwas", und zwar in erster Linie *Freiheit von inneren Zwängen*.

Dies ist genau das Gegenteil davon, durch Konditionierungen getrieben zu sein. Erst da wird wirklich freies Denken und Handeln möglich, wo ich durchschaue, welche Impulse mir eigentlich eingepflanzt wurden und welche davon zudem nicht heilsam sind für mich und mein Umfeld.

Dies aber setzt wiederum zumindest ein Besinnen auf menschliche Werte voraus, auf wirkliche Notwendigkeiten und darauf, dass konditionierte Impulse nicht automatisch mit freiem Willen gleichzusetzen sind.

Der zweite Punkt ist die Doktrin von der sogenannten Selbstverwirklichung.

Im obigen Zitat formuliert Schleske einen Ansatz, der fundamental anders ist als das, was in unserer Kultur mit „Selbstverwirklichung" gemeint ist. Ohne hier auf die philosophische Frage einzugehen, wie das „Selbst" wohl denn aussieht, das man da verwirklichen möchte, und ob es so etwas überhaupt gibt, bleiben wir auf der Ebene der Alltagssprache mit der Frage zurück:

Wohin führt es unsere Gesellschaft, wenn jeder seine Selbstverwirklichung in der maximal ihm möglichen Ausschöpfung des eben beschriebenen falschen Freiheitsbegriffs für sein persönliches Leben sieht, also im „Ich will", „Ich habe ein Recht darauf", „Die Freiheit nehm' ich mir", „Ich bestimme allein über mein Leben"?

Dass jeder Mensch dies möchte, ist ebenso natürlich wie die Tatsache unmöglich, es vollständig erreichen zu können.

Aber besinnen wir uns: Macht es wirklich glücklich, sich auf diese Weise „zu verwirklichen"?

Und welche Konsequenz hat es für das Zusammenleben, wenn nur zwei Menschen dies konsequent zu tun versuchen?

Muss das nicht zu Egoismus, Übervorteilung, Aggression führen, besonders, wenn in diesem Bild eines erfüllten Lebens die innere Erfüllung durch ethische Werte wie Güte und Mitgefühl gar nicht vorgesehen ist?

Ist es nicht furchtbar armselig, die Verwirklichung des eigenen Glücks abhängig zu machen von dem neuesten Smartphone, Markenjeans, dem dicksten Auto, dem Prestige, dass die Kinder auf eine teure Schule gehen und ich selbst schon wieder befördert wurde und mir zum Essen den besseren Rotwein leisten, und, wenn ich Lust habe, ja jetzt in die teure Sushi-Bar gehen und zwei Mal im Jahr in den Urlaub fliegen kann?

Wie wäre es, den Slogan „Das bin ich mir wert" einmal weiterzudenken und daraus die Frage zu formulieren: „Bin ich es mir wert, die Umwelt zu zerstören für eine kurzfristige Befriedigung, die meinem Leben immer noch keinen Inhalt gibt?"

Um wie viel tiefer geht eine Verwirklichung des in uns pulsierenden Lebens, wenn wir dagegen fragen, was sich durch unser Leben verwirklichen soll, wofür wir leben möchten.

Der dritte Punkt folgt daraus, wie der zweite aus dem ersten: Die falsch verstandene Vorstellung von Glück.

In den Hochglanzbroschüren, im Fernsehen, auf Plakaten wird uns ein Glücksbegriff vermittelt, der uns mit makelloser Haut, künstlich weißen Zähnen und perfektem Seidenhaar seinen überlegenen Stolz auf das Erreichte entgegengrinst: Mein Körper, mein Haus, mein Auto, mein Diesunddas. Sogar bei Kundenportalen von Krankenkassen und Energieanbietern meldet man sich an für „Mein Soundso". Bei der Suche im Internet bekommt man sogleich Angebote, „Mein Möbel-Discounter" oder „Mein Internet- Kaufhaus" zu erkunden und so weiter.

Besitz und Identifikation plus makellose Schönheit plus unantastbare, perfekte Gesundheit bis ins hohe Alter sind die gesellschaftlich verordneten Zutaten zum Glück. –

Wie soll das irgend jemand erreichen?

Es sind im Gegenteil die Zutaten zu einem Leben in äußerster Unzufriedenheit, ja äußerstem Unglück, da sie die Menschen zwingen, ständig hinter etwas herzulaufen, etwas zu wollen, das sie vielleicht gar nicht brauchen, sich perfekter machen zu müssen und unperfekt zu fühlen, wenn dann die Gesundheit oder die Schönheit doch nicht ganz so makellos ist, sondern sich nur im Rahmen der Naturgesetze bewegt.

Wie wäre es stattdessen, wenn wir uns auf den ach so simpel klingenden Satz „Reich ist nicht, wer viel hat, sondern wer wenig braucht" besönnen?

Machen wir uns also zunächst einmal klar, welche Definition von Freiheit, Selbstverwirklichung und Glück uns in die derzeitige Situation gebracht hat und welche Definition uns hingegen gut tut und damit auch möglicherweise weiterhilft.

Dies ist unumgänglich, um entscheiden zu können, wie wir unsere Ideale erreichen oder ihnen doch zumindest näher kommen können.

Weniger ist mehr!

Das Postulat von Yuval Noah Harari, die Jäger und Sammler seien „glücklicher" gewesen als die von unserem Standpunkt aus betrachtet weiter entwickelten Ackerbauern und Viehzüchter, mag einen Denkanstoß geben, auch wenn es natürlich eine Behauptung ist und bleibt. Denn wer kann schon zweifelsfrei sagen, wie glücklich oder nicht sich Menschen vor tausenden von Jahren fühlten, ja ob in ihrer begrifflichen Wahrnehmung überhaupt so etwas vorkam wie eine Kategorisierung in „glücklich" und „unglücklich" im heutigen Sinn.

Sicher aber ist, dass Hararis Grundaussage insofern stimmt: Je mehr wir durch immer komplexere Werkzeuge versuchen, unser Leben zu vereinfachen, desto mehr Zeit müssen wir diesen Werkzeugen widmen, – zusätzlich zum Eigentlichen.

Ich selbst habe das Glück, noch „analog" aufgewachsen zu sein und zu wissen, welch wunderbares Lebensgefühl das war, wie viel mehr Zeit man hatte.

Es ist schlichtweg gelogen, dass uns die Digitalisierung Zeit schenkt: Sie raubt sie uns.

Allein die möglich gewordene Fülle des täglichen Nachrichtenaustausches, die bewältigt werden muss, ständige Änderungen in irgendwelchen Banking-Verfahren, die Tatsache, dass man gezwungen wird, sich neue Geräte zu kaufen, weil die neue Software – die einem auch aufgezwungen wird – auf den alten nicht mehr funktioniert ...

Und der Slogan „bequem von zu Hause aus", wenn es ums Einkaufen oder Buchen einer Reise geht, ist doch an Dreistigkeit kaum zu überbieten. Wie kann es denn angenehmer sein, sich als Laie durch dutzende Artikelbeschreibungen zu klicken, statt von einer freundlichen und geschulten Verkäuferin oder einem Verkäufer gleich drei passende Artikel zur Auswahl empfohlen zu bekommen, nachdem man ihr oder ihm gesagt hat, worauf es einem ankommt?

Es sei mir gestattet, hier eine kleine Legende einzufügen, die unter anderem Ajahn Brahm gern in seinen Vorträgen als Gleichnis nutzt und die in unterschiedlichen Varianten existiert:

In Südostasien, sagen wir Laos oder Vietnam, lebt in einem abgelegenen Dorf ein einfacher Fischer mit seiner Familie. Er hat ein kleines Boot, das er liebevoll instand hält und ein paar Netze, die, wenn sie kaputt sind, von seiner Frau geflickt werden. Jeden Tag fährt er morgens auf's Wasser und fängt ein paar Fische. Wenn er genug hat, fährt er zurück. Ein paar behält er für das Abendessen der Familie, ein paar verkauft er direkt frisch auf dem Markt. Meistens ist er mittags wieder zu Hause.

Eines Tages kommt ein reisender westlicher Manager dort vorbei und beobachtet den Fischer. Er geht zu ihm und erklärt ihm seinen Job:

„Du machst das ganz falsch. Du musst nach dem ersten Fang noch zweimal rausfahren und die Fische dann auch verkaufen." – „Warum?" – „Das Geld legst du beiseite und nach 2 Jahren kaufst du ein zweites, nach einem weiteren Jahr ein drittes Boot und beschäftigst Helfer, dann kannst du noch mehr Fische fangen und verkaufen." – „Aber warum?" – „Nach 10 Jahren hast du eine ganze Flotte von Booten, kannst einen Manager einstellen, der alles koordiniert und musst selbst gar nicht mehr hinausfahren." – „Aber das ist doch das, was meinen Tag macht, das Hinausfahren und Fischen, warum sollte ich das bleiben lassen?" – „Nun, du kannst dir dann ein kleines privates Boot kaufen und einfach *zur Freude auf's Wasser fahren, ein paar Fische fangen und hast den Rest des Tages Zeit für deine Familie" –*

„Aber genau das tue ich doch jetzt schon!"

Selbstverständlich ist das eine romantisierende Darstellung des Lebens als Fischer. Es ist fordernde Arbeit und ein einfaches, oft hartes Leben. Aber was ist daran eigentlich falsch, an einem einfachen Leben?

Heutzutage mag es vielleicht gar nicht mehr möglich sein, so zu leben, da sich das Handwerk eher so entwickelt hat, wie der Manager in unserer kleinen Legende es dem Fischer vorschlug und somit im Laufe der Zeit die „großen Fische", um im Bild zu bleiben, die kleinen nach und nach gefressen haben oder noch fressen werden.

Und ja: Es ist eine Legende, das heißt, es geht nicht darum, wie realistisch das Geschilderte ist, sondern, was wir daraus lesen und lernen können. Und das ist, dass zu viele indigene Völker viel zu wenig „warum" gefragt haben, als Vertreter der aggressiven westlichen Zivilisation ihnen erklärten, was sie alles falsch machen. Und dass wir uns selbst mit unserer Überzeugung, ein auf Wohlstand, Wachstum,

Gewinn und äußeres Glück ausgerichteter Lebensstil sei heilbringend, immer noch selbst in die Tasche lügen. Weil wir noch immer nicht begriffen haben, dass Gier, auch in ihrer subtilsten Form, nichts Heilsames zur Folge haben kann.

Parallel zur Vermehrung der Werkzeuge und der rasanten Verkomplizierung des Lebens können wir seit längerer Zeit eine andere, wirklich absurde Entwicklung beobachten:
Die Auslagerung menschlicher Kompetenzen.
Die Krankheit des *outsourcing* als Unternehmensstrategie, die seit Jahrzehnten im Industrie- und Dienstleistungsbereich mehr Schaden als Nutzen anrichtet, hat inzwischen ein Pendant auch im privaten Leben jedes Einzelnen.
Zu Beginn, lange vor der Fehlentwicklung des heutigen *outsourcing*, war es die schiere menschliche Muskelkraft, die der Maschine anvertraut wurde, womit tatsächlich für unzählige Menschen eine große Erleichterung verbunden war.
In den 1980er-Jahren nun entdeckte die Industrie, speziell die IT-Branche, dass man sehr viel Geld damit verdienen kann, wenn

man den Menschen erzählt, wie toll es für ihr Leben wäre, auch unsere kognitiven Kompetenzen auszulagern auf Computer. Manches wurde damit einfacher, vieles komplizierter und die Menschen mit Sicherheit nicht glücklicher.

Inzwischen wird den Menschen eingeredet, sie bräuchten Uhren, die ihre täglichen Schritte zählen, damit sie sich ausreichend bewegen, Uhren, die sie erinnern, wenn sie dies nicht tun. Sind wir denn komplett verblödet?

Als ob der Mensch, der noch nicht völlig von sich selbst entfremdet ist, nicht ein natürliches Gespür dafür hätte, wie gut er sich fühlt, wenn er sich täglich bewegt! Und wieso soll eine gewisse Anzahl Schritte, ein genormtes Abstraktum, für jeden das Richtige sein? Bleiben wir also ausreichend gesund, wenn wir einfach in der stickigen Wohnung möglichst häufig zwischen Kühlschrank und Sofa hin und her laufen, bis die Uhr zufrieden ist?

Warum lassen Eltern nicht lieber ihre Kinder in die Schule laufen, statt sie für jede Kleinigkeit mit dem Auto um die Ecke zu chauffieren und nehmen selbst das Fahrrad zur Arbeit?

Ganz abgesehen davon, dass dies auch der Umwelt gut täte.

Die Lebensmittelbranche macht weiter mit dem Unsinn: Mit *Nutri-Score* wird den Menschen suggeriert, dass dieses Lebensmittel gesund, dieses nicht und jenes halbgesund sei, und vor allem, dass sie nie mehr selbst überlegen müssen, was im jeweiligen Einzelfall vielleicht gerade gut für sie wäre oder eben nicht.

Das nächste Kapitel ist dann die humane Immunkompetenz, mit der Pharmafirmen natürlich immense Gewinne machen können, wenn sie, häufig genug mit Unterstützung der Politik, den Menschen suggerieren, sie bräuchten in jedem Fall für alles und jedes irgendwelche Pillen, Spritzen, Salben oder andere, teils völlig nutzlose Präparate, ja sogar staatlich angeordnete Maßnahmen, ungeachtet etwaiger Nebenwirkungen oder Gefahren.

Um Missverständnissen vorzubeugen: Ich lehne keineswegs pauschal die Errungenschaften und Möglichkeiten der modernen Medizin oder Vorsorge ab! Allerdings bin ich der Meinung, dass wir sehr viele Krankheiten durch unsere Lebensart selbst zu verantworten haben und bei einer Besinnung auf ein natürlicheres Leben unser Immunsystem mit den meisten Erregern, seien es Viren, Bakterien oder andere Mikroorganismen, ganz gut fertig würde. Die derzeitige Situation hingegen ist die, dass der Arzt in der Regel nur den Mangel verwalten soll, den wir selbst durch unsere Lebensweise verursachen, indem er uns etwas verordnet, das uns die Folgen dieses Mangels weniger spüren lässt.

Dabei gibt es selbst heute noch, im Zeitalter der totalen Globalisierung dieses falschen modernen Lebensstils, einzelne Volksgruppen wie etwa die Hunzukuc im Gebiet des Karakorum in Pakistan und ein paar andere, die kerngesund sind und uralt werden. Sie alle leben ein einfaches Leben im Einklang mit der Natur.

Gerade in einem auf Profit ausgerichteten Gesundheitssystem, das zunehmend sogar die Diagnosehoheit des denkenden und *fühlenden* Arztes auf rein datenerfassende Messgeräte und teilweise zusätzlich auf nach politischer Agenda agierende Behörden überträgt, ist es wichtig, aufzuwachen und sich auf seine eigene Verantwortung zu besinnen. Selbstverständlich sind die Nutznießer eines so strukturierten „Gesundheits"-Systems nicht besonders daran interessiert, dass wir zu einer angemesseneren, heilsamen Lebensweise zurückfinden, denn dann könnten sie nicht mehr so viel verkaufen.

Grundsätzlich tue ich mich schwer mit der Vorstellung, dass die Evolution, wenn man sie denn ernst nimmt, ein Wesen hervorgebracht haben soll, welches ohne chemische, elektronische und sonstige Hilfsmittel nicht überlebensfähig ist.

Auch habe ich nie begriffen, warum Menschen tagsüber bei jeder Gelegenheit den Aufzug oder die Rolltreppe nehmen und dann am Abend Geld dafür bezahlen, im Fitness-Studio auf einem „Stepper" das Treppensteigen zu simulieren, wobei sie natürlich auch noch unnötig Strom verbrauchen, weil es nicht ohne ein Messgerät geht, das ihnen anzeigt, wie schnell und wie langsam sie „Treppen steigen" sollen...

Die meisten von uns haben einen funktionierenden Körper, ein funktionierendes Gehirn und ein – bei einigermaßen angemessenem Lebensstil – funktionierendes Immunsystem.

Alles weitere ist Teil des Lebens.

Aber auch das haben wir „ausgelagert"!

Alter, Krankheit und Tod, die natürlichen Begleiter jeglichen Lebens, dürfen nicht mehr sein.

Der Tod wurde vom Leben abgespalten, wird eher als vorläufiger Betriebsunfall gesehen, den es langfristig noch zu überwinden gilt. Man stelle sich einmal das Desaster vor, wenn wir nicht mehr stürben!

Krankheit ist ein unnatürlicher Hemmschuh beim Einsatz der „Human Ressources".

Allein das Wort ist an Zynismus kaum zu übertreffen: Es geht nicht mehr um Menschen, sondern um menschliche Vorräte beziehungsweise Reserven, die möglichst gut genutzt werden sollen ...

Alter darf man nicht sehen. Dafür wird gecremt, gepeelt, operiert, und notfalls in Heime ausgelagert.

Und der ganze Irrsinn dreht sich im Kreis.

Der uralte menschliche Wunsch nach ewiger Gesundheit und Unsterblichkeit, der ebenso verständlich wie absurd ist, foppt uns immer wieder. Obwohl wir wissen, dass es nicht geht, lassen wir genau aus dieser unbewusst doch aktiven Illusion heraus zu, dass wir belogen und betrogen werden.

Je mehr wir auf den Schwindel hereinfallen, weil wir hoffen, dass dadurch unser Leben besser wird, desto mehr verlieren wir unsere ureigensten Fähigkeiten – und unser Leben. Und je weniger wir unseren humanen Kompetenzen vertrauen, desto mehr geben wir anderen die Möglichkeit, uns zu manipulieren und abhängig zu machen.

Augen auf!

Darüber hinaus gibt es etliche Bereiche, wo wir ebenso wachsam sein sollten und, wenn wir eine Schwindelpackung entlarvt haben, nein sagen müssen.

Eines dieser Schwindelpakete zum Beispiel ist die sogenannte Energiewende, der staatlich subventionierte Umwelt-Scheinschutz, der nichts weiter ist als die Umverlagerung von Subventionsgeldern – und der Umweltzerstörung, an der kein Zweifel besteht! Er ist letztlich nur das Verdrängen einer Lobby durch eine andere.

„Umweltschonend ohne Papier" beispielsweise ist ein wohlklingender Werbeslogan für die Digitalisierung. Dabei ist längst klar, dass die riesigen Server, die für die Speicherung und Bearbeitung aller Vorgänge nötig sind, welche früher analog stattfanden, himmelschreiende Mengen an Strom verbrauchen.

Das Max-Planck-Institut für Biogeochemie in Jena und die Technische Universität Roskilde in Dänemark haben festgestellt, dass sich Windräder in den Offshore-Anlagen teilweise den Wind gegenseitig wegnehmen. Offenbar war vorher niemand in der Lage, daran zu denken und das zu berechnen? Oder war eine solche eingehende Prüfung gar nicht gewünscht?

Für den Betrieb von Windkraftanlagen sind außerdem sogenannte Permanentmagneten unerlässlich und für diese braucht es Neodym, welches höchst aufwendig aus seltenen Erden gewonnen wird. Das Wort selten sagt schon viel. Hier wird wieder einmal etwas ausgebeutet, das es ohnehin nicht in Massen gibt. Kurzsichtigkeit oder Methode? Bei der Trennung des benötigten Elementes vom geförderten Gestein entstehen giftige Abfallprodukte, unter anderem radioaktives Uran und Thorium und es kann dadurch zu radioaktiver Verseuchung kommen.

Bis 1995 war in Kalifornien die größte Mine für Seltene Erden in Betrieb. Sie wurde der radioaktiven Verschmutzung wegen ge-geschlossen und das, obwohl die USA ja nicht gerade für ihre Rücksicht auf die Umwelt bekannt sind. Die größten Neodym-Vorkommen liegen derzeit noch in China. Dort ist man erst recht nicht besonders genau in puncto Umweltverträglichkeit ...

Auch die Endlagerung der ausgedienten Rotorenblätter ist bis heute ungeklärt, denn aufgrund ihrer Zusammensetzung aus glasfaserverstärkten Kunststoffen ist die Deponierung verboten und beim Verbrennen würden toxische Gase freigesetzt.

Ganz abgesehen davon gibt es, finde ich, auch so etwas wie optische Umweltverschmutzung.

Je mehr Energie wir mit Windkraft generieren, desto seltener werden nicht nur bestimmte Erden, sondern auch Orte auf unserer Erde, wo der Mensch einen freien Blick hat, ungestört in die Natur eintauchen kann und Vögel gefahrlos fliegen können.

Das viel gepriesene Elektro-Auto ist ein Skandal erster Güte: Die Rohstoffe für die Akkus kommen aus Afrika und Lateinamerika.

Das Svenska Miljöinstitutet, ein unabhängiges Forschungsinstitut in Stockholm, sieht durch die Förderung der benötigten Rohstoffe bereits jetzt große ökologische und soziale Auswirkungen für wirtschaftlich schwächere Länder.

So ist unter anderem die Kobalt-Förderung höchst umweltschädigend und im Kongo, wo die meisten Kobalt-Vorkommen liegen, ist dabei Kinderarbeit an der Tagesordnung.

Die Lithium-Förderung verbraucht Unmengen Wasser, aber 85 Prozent der Vorkommen liegen auf einer extrem trockenen Hochebene in Chile, Argentinien und Bolivien.

Auch hier möchte ich Missverständnisse vermeiden: Ich bin weder ein Freund der Atomenergie, noch wünsche ich mir weitere Luftverschmutzung durch Braunkohle als Energieträger. Ich habe kein Patentrezept, bin weder Ingenieur noch Politiker.
Aber ich wehre mich entschieden dagegen, dass man mir und uns allen nicht nur versucht, ein X für ein U vorzumachen, sondern uns schlichtweg belügt und hinters Licht führt.

Wann begreifen wir endlich, dass nicht nur die Art der Energiegewinnung, sondern die Beschaffung der Unmengen von uns verbrauchter Energie selbst unser Problem ist?
Jede Art der Energiegewinnung wird Ressourcen verbrauchen und Müll hinterlassen. Wann begreifen wir also, dass unser Lebensstil die Ursache ist für den inzwischen in so vielerlei Hinsicht desaströsen Zustand der Welt?!

Mit der sogenannten Energiewende wird nur das versucht, was ein schlechter Arzt tut: Die Symptome behandeln, oder gar nur unterdrücken, statt der Ursache.

Wann lernen wir, dass unser menschliches Anspruchsdenken das Problem ist, seine rücksichtslose Unermesslichkeit? Wenn wir unser Leben nicht ändern, können wir noch hundert Energiewenden feiern und richten trotzdem den Planeten zugrunde!

Karl Marx schrieb in seiner berühmten 11. Feuerbach-These, die Philosophen hätten die Welt nur unterschiedlich interpretiert, es käme aber darauf an, sie zu verändern. So weit, so gut. Er hat auch recht, wenn er weiter schreibt, man müsse begreifen, dass die Gesellschaft aus dem Handeln der Menschen erwachse. Weiter fordert er, dass deshalb der Mensch erzogen werden muss, und hier fängt das Dilemma an. Denn der Marxismus des 20. Jahrhunderts versuchte, die Menschen mittels Ideologie zu erziehen. Ähnliche Versuche kann man auch in heutigen Gesellschaften wieder vermehrt beobachten. Das kann nicht funktionieren.

Wir müssen begreifen, dass wir selbst es sind, die zur Einsicht kommen müssen. Nicht für andere oder eine wie auch immer geartete Ideologie, noch für die Gesellschaft, sondern im Interesse unseres ureigenen Glücks.

Dieser Schritt mag schwierig wirken, letztlich bringt er uns aber dorthin, wo wir eigentlich sein möchten und hingehören.

Ohne diese Einsicht haben wir keine Chance!

Und diese Einsicht kann nicht mit politischem oder anderem Druck erzwungen oder verordnet werden.

Die bisweilen auch in jüngster Zeit wieder aufgeworfene Frage, ob das Gemeinwohl Vorrang vor dem Schutz des Individuums hat, sollten wir in diesem Zusammenhang, gerade mit Blick auf die deutsche Geschichte des 20. Jahrhunderts mit zwei Diktaturen, die genau dies proklamierten, besser so gar nicht stellen.

Stattdessen müssen wir endlich lernen, dass das Gemeinwohl nur aus dem durch bewusstes Handeln geschaffenen Wohl des Individuums erwachsen kann. Wohlgemerkt, nicht aus der ungezügelten Bedürfnisbefriedigung desselben, sondern aus einer Lebensweise, die dem Einzelnen ermöglicht, ja sogar abverlangt, sich eigenverantwortlich auf fundamentale mensch-liche Werte und Kompetenzen zu besinnen.

Hier möchte ich an meine Formulierung anknüpfen, das Bewusstsein einer notwendigen Veränderung müsse uns ständig gegenwärtig sein und zum Agens unseres Handelns werden. In der Schule habe ich seinerzeit noch die verkürzende Formulierung gelernt, Demokratie funktioniere von unten nach oben und Diktatur von oben nach unten.

Welch eine gefährliche Vereinfachung!

Auch Diktatur funktioniert, zumindest in ihrer Entstehung, ebenso von unten nach oben, wie anders herum, nämlich durch das unreflektierte Dulden, Akzeptieren und Mitmachen vieler Menschen. Erst dieses führt dazu, dass bestimmte diktatorische Regeln überhaupt durchsetzbar sind.

Im Laufe der Zeit verfestigen sich dann irgendwann die Strukturen derart, dass ein „Nicht-Mitmachen" oder ein Widerstand nur noch unter Gefahr für Leib und Seele, zumindest aber unter Verlust der Teilhabe am allgemeinen Leben möglich ist. An diesem Punkt dann hat sich eine Diktatur etabliert. Vorher aber ist dieser Prozess – wie alle gesellschaftlichen Entwicklungen – keineswegs eine Einbahnstraße.

Besinnung auf Eigenverantwortung tut immer not, zu jeder Zeit! Es ist das Einzige, was solche Fehlentwicklungen wirklich aufhalten kann.

Wenn wir uns aber einmal selbst anschauen und fragen, wie wir diese Verantwortung wahrnehmen, sieht die Antwort für die meisten von uns nicht sehr ruhmreich aus. Einerseits kenne ich kaum jemanden, der vollständig und in allen Bereichen mit den Strukturen unserer Gesellschaft, mit dem Handeln der Politik zufrieden ist. Was wird auf die Politiker geschimpft! Aber andererseits: Was tun wir darüber hinaus?
Wo sagen wir: Ich nicht, nicht mit mir?

Ich sage nicht, dass Kritik an der sogenannten „politischen Kaste" aus Großindustrie und Hochfinanz, gewählten Volksvertretern und Medien unberechtigt ist. Aber was soll sie bewirken? Die Gesellschaft wird sich nur ändern, wenn sich das Verhalten der Einzelnen ändert. Die Politik wird sich nur ändern, wenn sie mit ihrer gewohnten Art nicht mehr weiterkommt.

Nehmen wir als Beispiel die industrielle Massentierhaltung: Harari bezeichnet sie als das größte Verbrechen unserer Tage. Selbst wenn wir diese grauenhafte Tierquälerei nur als eines von vielen Verbrechen bewerteten, dürften wir konsequenterweise keine industriell produzierten Fleisch- oder Wurstwaren mehr konsumieren, wenn nicht gar ganz auf tierische Lebensmittel verzichten. Viele tun dies und ernähren sich vegetarisch oder sogar vegan. Selbstverständlich sollten sich allerdings selbst streng vegan lebende Menschen nichts vormachen: Auch bei der Ernte von Getreide sterben unzählige Tiere: Hasen, Mäuse, junge Rehe können in die Maschinen kommen, von den Milliarden Insekten gar nicht zu reden.

Leben ohne Nahrung ist nicht möglich und das eine Leben ist nicht anders möglich als auf Kosten eines anderen, seien es Tiere oder Pflanzen. Das Entscheidende aber ist doch, nicht mehr Elend zu verursachen als zum Überleben notwendig! Doch wie oft verdrängen wir, was wir eigentlich wissen, aber nicht wissen wollen, weil wir dann nicht länger unserer Bequemlichkeit nachgeben dürften, sondern handeln müssten?

Oder kehren wir noch einmal zum so dringend nötigen Umweltschutz zurück:

Jeder von uns, der hier von der Politik das Ende der Lobby-Hörigkeit und ein konsequenteres Vorgehen fordert, sollte sich zunächst fragen: Wie viel Plastik benutze ich, wie viel Plastikmüll wandert bei mir jede Woche in die Tonne? Muss ich immer alle Zimmer heizen? Wie oft fahre ich mit dem Auto zur Arbeit, wo es doch mit dem Fahrrad nicht nur ginge, sondern auch noch gesünder wäre? Wie oft fahre ich mit dem Auto in den Urlaub oder fliege sogar ins Ausland, wo doch ganz in der Nähe ein herrlicher Wald, wunderbare Berge oder Seen liegen und ich immer noch nicht alle Museen meiner Stadt kenne?

Und schon geht es los mit den Ausreden.

Doch was, wenn wir sie einmal nicht gelten lassen? Was, wenn wir uns selbst zu diesen Themen befragen ohne Rücksicht darauf, ob die Antwort, die wir darauf bei uns vorfinden, unbequem ist? Stellen wir dann nicht möglicherweise fest, dass wir die Tendenz haben, genau von jenen Umständen, Entwicklungen oder Strukturen selbst profitieren zu wollen, die wir andererseits kritisieren?

Wie wahrhaftig sind wir in unserem Denken und Leben eigentlich?

Es ist sicher nicht schön, zugeben zu müssen, dass kaum jemand von uns frei ist von Doppelmoral, aber sich diesen Fragen konsequent zu stellen, wäre der Anfang einer dringend nötigen Reflexion.

Ein richtiges Leben im falschen?

Dieser Text ist wie ein Kreis, denn wo immer man anfängt, kommt man zu den anderen Punkten zurück. Alles, was ich aufführe, hängt miteinander zusammen. So kann man den Text von vorn beginnen zu lesen, in der Mitte oder hinten. Der Kreis schließt sich jedes Mal.

Es stellt sich immer wieder die brennende Frage, wie es möglich ist, die eingeforderte Eigenverantwortung zu leben in einer Gesellschaftsordnung, die vor Vorschriften und Zwängen überläuft.

Die Bevormundung des Einzelnen durch den Staat bis ins Alltägliche hinein hatte ja bereits vor etwa hundert Jahren einen neuen Höhepunkt erreicht, als wir anfingen, mit der Einführung der Verkehrsampel und wenig später auch der Fußgängerampel die Straße nur noch „auf Befehl zu überqueren", wie Tanizaki Jun'ichiro es so schön formuliert, und als das Zuwiderhandeln dann – selbst wenn weit und breit kein Auto zu sehen ist – auch noch strafbar wurde. Inzwischen gibt es kaum noch einen Bereich unseres Lebens, ob öffentlich oder privat, der nicht irgendwann reglementiert wurde.

Es ist hier selbstverständlich nicht der Ort zu diskutieren, welche Regeln und Gesetze für das Zusammenleben in einer Gesellschaft sinnvoll oder notwendig sind und welche nicht. Die Frage, die wir uns aber zu stellen haben, lautet:

Wie lebt es sich in dieser Situation, wo es selbst für die banalsten Dinge staatliche Vorschriften gibt? Stimmt Adornos freilich in einem anderen Zusammenhang getätigte Aussage wirklich, dass es „kein richtiges Leben im falschen" gibt?

Ich möchte mit einem Ausspruch meiner Tante Isolde antworten, die – Jahrgang 1934 – wie ich in der DDR gelebt hat:

„Man kann sich immer anständig verhalten, egal in welchem System man lebt."

Dies korrespondiert mit dem Satz, den mir eine buddhistische Nonne einmal sagte: „Was *du* tust, ist entscheidend, nicht was die anderen tun."

Die Richtigkeit von Adornos Aussage steht und fällt damit, ob man sie kategorisch und final versteht oder ob nicht eventuell bereits das redliche Bemühen um ein richtiges Leben, auch wenn die Umstände hinderlich sind, eigentlich das richtige Leben ist.

So verstanden ist ein richtiges Leben im falschen nicht nur möglich, sondern höchst notwendig.

Meine Mutter, Dr. Anette Hirschfeld, hat mir dies in der DDR vorgelebt. Selbst zwar nicht „aktiv im Widerstand", aber immer gerade heraus, hat sie sich nie von ideologischen Zwängen vereinnahmen lassen oder ihre Ansichten verheimlicht. Anfang der 1960er-Jahre brachte sie das gleich an den Rand des Berufsverbots als Lehrerin, aber sie hat sich nicht verbiegen lassen, ist selbst dann nicht in die Partei eingetreten, als ihr deutlich gemacht wurde, dass sie ohne diesen Schritt eine Dozentenstelle an der Universität Halle, wo der Abteilungsleiter sie gern gehabt hätte, nicht würde antreten können. Und sie hat auch mich genau so erzogen. Denn im Gegensatz zu vielen anderen hat sie mir nicht geraten zu lügen, wenn ich gefragt wurde, ob wir Westfernsehen schauen. Und als Lehrerin hat sie nicht mitgemacht, wenn im Lehrerzimmer die Kollegen über Schüler herzogen, wie „unmöglich" sie seien. Sie hat hingegen gefragt, was sie für Probleme haben, wie das Elternhaus aussieht und immer versucht, ihre guten Eigenschaften zu sehen und zu fördern.

Dies nenne ich richtiges Leben im falschen: Das Bemühen, in jeder wie auch immer gearteten Situation menschlich mitfühlend, ehrlich und integer zu handeln.

Leicht ist das gewiss nicht. Aber es beginnt bei vergleichsweise einfachen Entscheidungen:

Muss ich unfreundlich zu meinem Nachbarn sein, nur weil er es ist? Brauche ich eine neue, ökologisch zum Himmel schreiende Kaffee-maschine mit Alu-Pads, um täglich zwischen 50 Sorten wählen zu können? Was ist falsch an dem guten alten Tee oder Kaffee? Brauche ich alle paar Jahre eine neue Küche aus plastikbeschichtetem Pressspan, wenn im Keller die unkaputtbaren Holz-Küchenmöbel, die mir die Oma vererbt hat, vor sich hin stehen?

Wenn ich derzeit ein Haus bauen möchte, muss ich endlos viele behördliche Auflagen erfüllen. Aber muss ich die Dämmung ausgerechnet aus Styropor machen? Und muss ein Haus für drei Menschen so groß sein, dass eine mittlere Kita darin Platz hätte?

Ist mir meine Karriere wichtiger als die Beziehung zu meinen Freunden und Kollegen?

Wenn wir beginnen, uns vor Entscheidungen, die wir in der Regel nach Lust und Laune und unseren Geschmäckern und Befindlichkeiten treffen, wirklich ernsthaft zu fragen, ob dies oder jenes so sein muss und welchen Grund wir eigentlich haben, uns so oder so zu entscheiden, wenn wir unsere hochgezüchteten Ansprüche an das „äußere" Leben ehrlich hinterfragen, können wir hier viel erkennen und ändern.

Dazu ist natürlich zunächst die Einsicht nötig, dass wir selbst, jeder und jede, etwas ändern müssen, damit sich die Welt ändert; – wie gesagt: Die Politik wird das nicht für uns richten.
Nach dieser Einsicht muss ein Entschluss folgen – nicht ein Entschluss zur Askese oder zur Verweigerung sondern der Entschluss, unser Denken, Reden und Handeln so auszurichten, wie es sein müsste, wenn eine Welt entstehen soll, wie wir sie uns wünschen.

Hier schließt sich also wieder einmal der Kreis meiner Betrachtungen und führt zur alles entscheidenden Frage, die sich jeder und jede von uns stellen muss:

Was möchte ich beitragen, womit möchte ich meine Jahre als Mensch (er)füllen?

Man kann diese Überlegungen auch mit anderen Worten oder Bildern formulieren. In der modernen Naturwissenschaft gibt es die Idee, dass alles, was ist, also alles, was wir wahrnehmen – und auch das, was wir nicht wahrnehmen können –, sowie der Wahrnehmungsprozess selbst und wir als Wahrnehmende, letztlich energetische Prozesse sind beziehungsweise auf energetischen Prozessen beruht. In vielen spirituellen Schulen von der Antike bis heute wird dies auf ähnliche Weise gelehrt. Wenn wir nun bei diesem Bild bleiben, so können wir es weiterdenken: Manche Energien oder energetischen Prozesse führen zu wünschenswerten Ergebnissen, zu Freude, Liebe, Harmonie, Ausgeglichenheit, andere führen zum Gegenteil: zu Aggressivität, Unruhe, Spaltung, Depression. Es fällt nicht schwer, sich die einen als „lichte" und die anderen als „dunkle" Energien vorzustellen und so können wir uns darauf besinnen, mit welcher Art von Energie wir uns eigentlich verbinden möchten in unserem Denken, Sprechen und Handeln – in unserem Sein.

Und da ich nun gerade bei meiner Verwandtschaft war, kann ich dazu auch noch einen der letzten Sätze erwähnen, den meine tief gläubige Tante Adelheid mit 84 Jahren, wenige Tage vor ihrem Tod, wörtlich zu mir sprach:

„Mein Junge, denk immer an das Licht. Richte dein Augenmerk immer auf das Licht!"

Dieser Ausspruch sollte uns in der Tat Leitsatz sein.

Das führt nun zu einem weiteren wichtigen Thema: zur Ausrichtung unseres Gemüts. Ich komme noch einmal auf Carl Friedrich von Weizsäcker zurück. Er spricht an verschiedenen Stellen davon, dass die Aufklärung unvollendet sei, und er hat Recht.

Die Aufklärung hat die Ratio als wesentlichen Faktor der westlichen Kultur etabliert, nachdem vorher Aberglaube, religiöse Dogmen, Spiritualität und eine Art „christlicher Materialismus" vorherrschend waren. Unter „christlichem Materialismus" verstehe ich ein Leben, das sich zwar zum christlichen Glauben bekennt, dennoch aber in erster Linie auf der körperlichen Ebene stattfindet, sei es bei den

Armen gezwungenermaßen als schierer Überlebenskampf oder bei den Reichen durch eine Fokussierung auf Macht, Wohlstand und Genuss. Selbst die „Heilige Inquisition" war letztlich in ihrer Anwendung eine brutal körperliche Angelegenheit.

Alledem setzte nun die Aufklärung die Möglichkeit entgegen, mit dem Verstand, evidenzbasiert, wie man heute sagen würde, Dinge zu erkennen und abzuwägen.

Doch hier haben wir bereits zwei Seiten der Medaille: Es darf nämlich nicht nur um ein Erkennen im intellektuellen Sinn gehen, wie es sich inzwischen leider allzu sehr verselbst-ständigt hat.

Zu dieser wichtigen Funktion, nennen wir sie Verstand, kommt das hinzu, was diese Er-kenntnisse erst einordnen kann, uns befähigt abzuwägen, ob sie Heil oder Unheil bringen, Nutzen oder Schaden, Licht oder Dunkel. Diese zweite Fähigkeit ist die Vernunft.

Nur durch sie können wir auch abwägen, wie das Verhältnis von Nutzen und Schaden ist und ob es demnach eine Erkennntnis ist, die man nutzen sollte oder nicht. Vernunft ist also nicht das Gleiche wie Verstand oder Intellekt.

Leider hat sie im Lauf der Jahrhunderte mit der Entwicklung des Intellekts und seinen Möglichkeiten nicht Schritt gehalten und ist an vielen Stellen auf der Strecke geblieben.

Aber es gibt noch einen dritten Aspekt, sozusagen die „dritte Seite der Medaille". (Jede Medaille hat ja quasi drei Seiten, wenn man die Ränderung nicht vergisst ...) Die nach dem Ziel ausgerichtete Intuition, oder, wie der buddhistische Autor und Übersetzer Fritz Schäfer es in seinen Pali-Übersetzungen nannte: das Abschmecken.

Wir haben zum großen Teil kein Gefühl dafür entwickelt beziehungsweise unser Gefühl dafür verkommen lassen, was uns und unserer Gesellschaft wirklich gut tut.
Daran liegt es vielleicht auch, dass wir so vieles, was wir mit dem Verstand erkannt und mit der Vernunft als richtig und wichtig bewertet haben, letztlich nicht umsetzen.

Manchmal bin ich regelrecht versucht, das Handeln wider besseres Wissen die Grundtragik der Menschheit zu nennen.

Dieses Gefühl, diese Intuition hat überhaupt gar nichts mit „Gefühligkeit" oder schwammigem Nicht-Wissen zu tun und schon gar nichts mit dem Folgen persönlicher Vorlieben und Geschmäcker.

Wir können es nennen, wie wir wollen: Verbundenheit mit unserem Menschsein, mit dem Göttlichen oder dem Guten, Wahrhaftigkeit, innere Mitte oder sonstwie. Es ist gleich, wie wir es nennen: Entscheidend ist, dass wir uns darauf besinnen müssen.

Doch unser derzeitiges Leben, unsere Gesellschaft lässt uns kaum Zeit zur Besinnung. Abteilungen werden zusammengelegt, Menschen entlassen und plötzlich müssen 10 Menschen die Arbeit erledigen, die vorher 15 gerade so geschafft haben. Zu jeder möglichen und unmöglichen Zeit klingelt das Mobiltelefon.

Peter Ustinov hat einmal gesagt, er habe kein Mobiltelefon, denn nur Dienstboten müssten immer erreichbar sein.

Denken wir einmal über diese Aussage nach!

Noch vor dem Frühstück sind schon die ersten E-Mails da. Wenn wir mit der Bahn fahren, nehmen wir den Laptop mit, um arbeiten zu können. Früher haben wir die Landschaft betrachtet, gelesen, auch mal ein Nickerchen gemacht und die Zeit genutzt, uns zu entspannen und zu uns zu kommen. Häufig ergab sich auch ein interessantes Gespräch mit dem Sitznachbarn...

Ich habe viele Jahre in Berlin gelebt und fand es immer absurd, dass in Wartezimmern von Ärzten, Zahnärzten, Physiotherapie-Praxen, ja sogar in Yoga-Studios einerseits Faltblätter lagen, die Kurse anpriesen zur „Einkehr", zum „Finden der inneren Stille", zum „Finden des Selbst" oder wie auch immer sie hießen, und gleichzeitig dort ständig irgendwelche Hintergrundmusik dudelte oder Radiosender mit Hits und Werbung und Nachrichten liefen. Man kann in kein Kaufhaus mehr gehen, ohne sich akustischer Umweltverschmutzung auszusetzen.
Kaum ein Mensch scheint die Stille mehr zu ertragen, denn dann müsste er sich besinnen.
Oder unser Gesellschaftssystem ertrüge es nicht, wenn die Menschen zur Besinnung kämen, sodass man sie ständig „auf Trab" halten muss.

Ich glaube, es war in dem Film „Kundun" von Martin Scorsese aus dem Jahr 1997, über die Flucht des Dalai Lama aus Tibet, wo man in einer beeindruckenden Szene sieht und hört, wie kommunistische Optimismus-Hymnen über Lautsprecher durch die tibetischen Dörfer krächzen und das Drehbuch einen Mönch im Film sagen lässt:

„Das Schlimmste ist, dass sie uns die Stille genommen haben."

Ständige Reizüberflutung kann natürlich sehr gut zur schleichenden Indoktrinierung genutzt werden, sei es, – wie im Fall der kommunistischen Lieder in Tibet – um eine Ideologie in die Köpfe der Menschen einzupflanzen, oder – wie bei der westlichen Werbung – um künstlich Bedürfnisse nach Konsum zu wecken, die der Mensch irgendwann fälschlich für seine eigenen hält und glaubt, er müsse sie befriedigen.

Sich selbst zu spüren, seinen Körper, seinen Geist, seinen Wunsch nach Frieden und Harmonie wahrzunehmen, verlernt der Mensch auf diese Weise sehr schnell.

Schauen wir uns doch nur die großen Lebensmittel-Supermärkte an: Wer kann angesichts dieses absurden Überangebots noch wissen, was er eigentlich braucht und möchte? Wie viele Joghurt-Sorten braucht der Mensch denn noch zur Auswahl, bis er zufrieden ist?

Die Antwort ist: Weniger, viel weniger!

Denn – und der alte Spruch „Wer die Wahl hat, hat die Qual" ist relevanter für unser Leben, als wir denken – Vereinfachung würde endlich wieder Potenzial frei machen für Wesentliches, für das Schauen nach dem, was Mensch wirklich braucht, um harmonisch, erfüllt und in Frieden mit sich und seinem Umfeld sein Leben aktiv gestalten zu können.

Die Tragweite des Verlustes an Stille, Ruhe und Gelegenheit zur Reflexion in unserer Kultur ist kaum zu überschätzen!
Um so wichtiger ist, dass wir uns selbst darauf besinnen, es anders zu machen, dass wir uns Zeit nehmen dafür. Und es ist wichtig zu verstehen, dass es hierbei nicht einfach um passives, wehrloses „Chillen" geht wie etwa vor dem Fernsehgerät. Nichts gegen eine gute

Sendung – auch wenn inzwischen selbst die Dokumentationen der sogenannten Kultur-sender das oberflächliche „Infotainment"-Niveau zeigen wie vergleichbare Sendungen der unterhaltenden Privatsender vor 20 Jahren.

Aber mit Besinnung hat dieses „Abhängen" vor dem Fernseher ebenso wenig zu tun, wie wenn man zum Joggen in den Wald geht und sich dabei Kopfhörer mit Musik aufsetzt, um nur ja nicht spüren zu müssen, wie es eigentlich ist, mit sich und der Natur allein zu sein.

„Seele baumeln lassen" im Garten oder am See ist da schon besser, da die Sinne entspannen können, aber wirkliches Besinnen braucht nicht nur Reizreduktion, sondern auch den Wunsch und Willen, nach Innen zu schauen.

Ansonsten gerät die schönste Stille zum reinen Sedativum und man döst nur vor sich hin. Oder man hält es nach kurzer Zeit nicht mehr aus und greift doch nach dem Mobiltelefon, um nachzuschauen, ob eine neue Nachricht eingetroffen ist ...

Wir müssen zur Besinnung kommen, im wahrsten Wortsinn. Das heißt, wir müssen Besinnung üben, denn wir haben sie verlernt, – nein, sie wurde uns aberzogen, regelrecht ausgetrieben mit der Lüge vom tollen Leben, das nur etwas wert ist, wenn ein Erlebnis das andere jagt, ein „Event" den anderen, eine Anschaffung die nächste, eine oberflächliche Befriedigung schon von der nächsten überlagert wird.

Für eine Kultur der Besinnung

Manche Stimmen sehen die abendländische Kultur in Gefahr und ich gebe zu, auch ich finde es bestürzend und beschämend, dass viele der heranwachsenden Kinder kaum noch alte Volkslieder und Märchen kennen, geschweige denn, dass sie eine Ahnung von der geistesgeschichtlichen Entwicklung unserer Kultur hätten. Oft haben sie selbst die grundlegendsten Formen von Anstand und Benehmen nicht gelernt – da muss erst eine zweifelhafte staatliche Kampagne her, um den Menschen zu sagen, dass man sich die Hände wäscht und andere vor seinen Niesauswürfen schützt!

Natürlich, Kulturen verändern sich und Kulturen gehen auch unter. Das ist immer so gewesen und wird immer so sein. Man kann es nicht aufhalten, man darf es wohl bedauern.
Der Aufschrei jener jedoch, die nun glauben, unsere Kultur würde zerstört durch Menschen, die aus anderen Regionen der Erde zu uns kommen, weil sie zu Hause Krieg ausgesetzt sind, verfolgt oder gefoltert werden, geht am Entscheidenden vorbei:

Fremde Impulse, die auf eine intakte Kultur treffen, können zu einer unschätzbaren Bereicherung werden. Unsere Kultur jedoch ist bereits seit vielen Jahrzehnten systematisch ausgehöhlt durch den „American way of life", durch eine „Kultur", die keine ist und, da sie auf willentliche und systematische Verdrängung und Zerstörung der ursprünglichen nord-amerikanischen Kultur aufbaute und selbst kaum Nennenswertes beitragen kann, außer Adaptiertem, Konsum, „Lifestyle", Großmachtsdenken und dem Glauben, der Westen müsse seine eigene Art zu leben dem Rest der Welt aufzwingen.

Wenn Dagewesenes durch Neues verdrängt wird, ist das keine Bereicherung, sondern ein Ersetzen. Eine Bereicherung wäre es nur, wenn das Neue zum Alten hinzukäme.

Es hat mich seinerzeit zutiefst erschüttert, als in dem großartigen deutschen Dokumentarfilm „Rhythm is it!" aus dem Jahr 2004 ein 16-jähriger Flüchtling sagte, als er nach Deutschland kam, hätte er feststellen müssen, dass es ja hier keine eigene Kultur mehr gäbe, so wie das in Afrika noch der Fall sei. Dieser Satz hat mir die Augen weit geöffnet.

Ein Teil dessen, was verloren gegangen ist, ist die Verbindung nach innen, ebenso wie die Verbindung zu einer ernsthaften Spiritualität oder Religiosität, nicht als institutionelle Rückversicherung oder dogmatische Lehre, sondern als Kompass des Herzens. Wahrer Glaube in diesem Sinne ist nicht ein simples „Für-wahr-Halten" einer These, die wir nicht beweisen können. Ein Vater, der zu seinem Sohn sagt „Ich glaube an dich", weiß sehr wohl, dass sein Sohn vor ihm steht. Glaube (griechisch *pistis*, lateinisch *fides*: Zuversicht, Treue, Vertrauen) ist das Vertrauen in einen heilsamen Weg, die Zuversicht, ihn gehen zu können, und die Treue, so zu leben, wie man leben muss, wenn das Gedachte wahr ist. Aber dazu braucht man eben einen Weg, dem man vertrauen *kann* und die Ehrlichkeit sich selbst gegenüber, sein Tun diesem Weg wirklich anzugleichen.

Insofern müssen wir Besinnung auf verschiedenen Ebenen neu lernen. Aber das ist möglich und letztlich gar nicht so schwer, denn es ist ein ureigenes Bedürfnis des Menschen, sich zu besinnen.

Fangen wir immer wieder bei der allgemeinsten Fragestellung an:

In was für einer Welt möchte ich leben?

Der heilige Thomas von Aquin formuliert:

„Ein Dreifaches ist dem Menschen notwendig zum Heile: Zu wissen, was er glauben, zu wissen, wonach er verlangen, und zu wissen, was er tun soll."

Wenn wir nun die Antworten darauf als Maxime für jede unserer Handlungen nehmen – hier verstanden als mentale, sprachliche oder körperliche Aktion –, ist das schon ein riesiger Schritt.

Dabei helfen kann und muss uns auch die Erinnerung an vergessene Tugenden. In der christlichen Tradition gibt es neben den sogenannten göttlichen Tugenden Glaube, Hoffnung und Liebe auch die von Platon übernommenen Kardinaltugenden Klugheit, Gerechtigkeit, Tapferkeit und Mäßigung. Weitere Tugenden, nicht nur der christlichen Tradition, sind beispielsweise Wahrhaftigkeit, Friedfertig- keit und Demut. Es würde hier zu weit führen, Inhalt und Bedeutung der Tugenden zu erörtern. Eines aber ist evident: Tugend ist ebenso notwendig wie allgemein gültig für ein heilsames Leben, unabhängig von der religiösen oder nicht-religiösen Ausrichtung des jeweiligen Menschen.

Es ist höchste Zeit, sie wieder in unser Leben zu lassen. Sie ist eine der wichtigsten Hilfen auf dem Weg, denn mit der reinen Entscheidung, jede Handlung auf unser Idealbild einer besseren Welt abzustimmen, werden wir nicht weit kommen.

Das wäre so, als würde ein Geigenschüler den Entschluss fassen: Ab morgen spiele ich so, wie ich immer spielen wollte, so wie es bei meinem Lehrer klingt.

Nein, das funktioniert nicht, weder auf dem einen noch auf irgend einem anderen Gebiet des Lebens.

Wir brauchen Übung.

Tugend kann man, muss man wirklich üben.

Wichtigstes Handwerkszeug dafür ist die Besinnung, denn sie führt zu Geistesgegenwart.

Das aus der buddhistischen Tradition übernommene Wort Achtsamkeit ist inzwischen leider im Westen zu großen Teilen zu einer inflationären Lifestyle-Wellness-Wunderwaffe degradiert, sodass ich es hier gern vermieden hätte, auch wenn es durchaus den Kern trifft.

Wirkliche Achtsamkeit beinhaltet Geistes-gegenwart, die Erinnerung an das gestellte Ziel – in Pali, der Überlieferungssprache der buddhistischen Lehrreden lautet das Wort *sati* und bedeutet unter anderem auch Erinnerung – sowie körperliche Wachheit und Vernunft im oben definierten Sinne.

Auf dieser Basis können wir der moralischen Maxime der Vernunft folgen, die Immanuel Kant formulierte und auch Carl Friedrich von Weizsäcker fordert: „Handle so, dass dein Handeln jederzeit zum Prinzip einer allgemeinen Gesetzgebung werden könnte."

Noch einmal komme ich auf die oben zitierte Aussage von Karl Marx zurück, dass die Gesellschaft aus dem Handeln der Menschen erwächst. Genauer müssen wir sagen:

Aus dem Handeln *des* Menschen.

Denn bevor eine Gruppendynamik Fahrt aufnehmen kann, die man als das „Handeln der Menschen" bezeichnen kann, müssen viele Einzelne, müssen wir, jeder und jede in diese Richtung denken, uns ausrichten, und handeln. Dies gilt nicht nur für die Umwelt und einen heilsameren Umgang mit den Ressourcen unserer Erde, es gilt nicht nur für das Hinterfragen unserer Bedürfnisse und Ansprüche und für die Verhinderung von diktatorischen Strukturen durch unreflektiertes Mitmachen.

Es gilt in besonderem Maße auch und gerade für die Frage nach Krieg und Frieden.

Friedensforscher wie Daniele Ganser, spirituelle Lehrer wie der jüngst verstorbene Tich Nhat Hanh oder Eugen Drewermann fordern zu Recht immer wieder, dass wir auf uns selbst schauen müssen, wenn wir in einer friedlichen Welt leben möchten.

Die Frage, in was für einer Welt wir leben möchten, ist keine Frage, die wir einmal stellen, beantworten und zur Ablage geben können. Sie begleitet uns letztlich, ob bewusst oder unbewusst, bei jeder Entscheidung, die wir treffen.

Wenn wir uns ungerecht behandelt fühlen, so regen sich in vielen von uns kleine Rachegelüste. „Na, warte, dem oder der werd' ich's schon zeigen." Das ist eine völlig normale Reaktion, wenn wir entsprechend konditioniert sind, aber ist es auch richtig? Würden wir in einer Gesellschaft leben wollen, in der Rache Teil der Gesetzgebung ist? Fühlt sich das gut an?

Selbst wenn wir solche Gedanken nicht als „Kriegspläne" benennen – Krieg ist ja schließlich nur, wo mit Panzern und Bomben agiert wird, oder? – sind sie letztlich nichts anderes. Wenn wir ihnen nachgehen – wir brauchen sie nicht einmal in die Tat umzusetzen –, wenn wir ihnen innerlich nachgehen, stärken wir genau jene Konditionierungen.

Und dann entscheiden wir uns für eine Welt des „Auge um Auge, Zahn um Zahn" statt für eine Welt des Vergebens, des Verständnisses und des Friedens.

Wir müssen dabei das womöglich erlittene Unrecht gar nicht schön reden oder verdrängen. Entscheidend ist, ob wir es durch eigenes, neues Unrecht noch vermehren wollen.

Wie oft am Tag sind wir wohl in der Gefahr, einen inneren Mini-Krieg anzuzetteln? Wie oft bemerken wir solche Gefühle überhaupt und vor allem: Wie oft rechtfertigen wir derartige Gedanken sogar noch. Schließlich muss man doch ... Und der andere hat ja ... Und so geht es doch nun wirklich nicht ...

Mag sein, dass es so wirklich nicht geht.

Aber gerade dann sollten wir selbst es eben anders machen.

Und wie oft gehen wir sogar einen Schritt weiter und beginnen tatsächlich einen Kleinkrieg mit Worten. Oft wissen wir sogar, dass unser Verhalten falsch ist. Unser Ego, der ständige Drang nach Kontrolle der Situation, der Wunsch, unser geistiges Territorium zu verteidigen, treibt uns vorwärts in Gefilde, die innerhalb kürzester Zeit zum Schlachtfeld mutieren. Fragen wir uns also immer wieder:

Würde ich in einer Gesellschaft leben wollen, wo es zum „Guten Ton" gehört, sich gegenseitig zu beschimpfen, abzukanzeln, von oben herab zu belehren oder die anderen endlos mit meiner eigenen Meinung zu agitieren?

Seien wir wachsam!

Wenn wir in einer friedlichen Welt leben möchten, müssen wir lernen, friedlich miteinander umzugehen, miteinander und mit uns selbst, jeder und jede von uns.

Wenn wir in einer Welt der Menschlichkeit, des Respekts und Mitgefühls leben möchten, sollten wir genau diese Eigenschaften in uns selbst kultivieren.

Wenn wir möchten, dass unsere Kinder, dass die Jugend die Chance hat, ihren eigenen Weg zu finden, ohne Konformismus, Konsumzwang und Sucht nach digitaler Pseudokommunikation, reflektiert und kreativ, freudvoll und rücksichtsvoll, besonnen und mit offenen Herzen, dann sollten wir ihnen dies vorleben und vermitteln. Nicht durch Belehrung, sondern indem wir selbst unser Leben entsprechend gestalten und die Freude daran mit ihnen teilen.

So wie Werner Heisenberg in seinem Buch „Der Teil und das Ganze" fordert, politische Systeme nicht nach ihren Zielen, sondern nach ihren Methoden zu beurteilen, – was wir in der Tat heute einmal anwenden sollten! – und Weise zu allen Zeiten lehrten und lehren, dass Gewalt nur gewaltlos überwunden werden kann, sollten auch wir in unserem eigenen Tun eine Kongruenz von Mitteln und Zielen anstreben.

Und den alten Spruch „Wer nicht zur Wahl geht, darf hinterher nicht meckern." können wir schleunigst umformulieren in:
„Wer alles mitmacht, darf nicht meckern."

Wir sind sehr wohl in der Lage zu sehen, welche Denk- und Handlungsweisen zu Unfrieden, Ärger, Spaltung, Unglück und Zerstörung führen. Vertrauen wir dieser Kompetenz!
Schauen wir nicht länger zu!
Schimpfen wir nicht!
Fangen wir bei uns selbst an,
es ist allerhöchste Zeit!

Wenn wir in einer friedvollen Welt leben möchten, müssen wir zunächst jegliche Art von Groll in unseren Herzen überwinden, egal gegen wen.
Groll schafft neuen Groll, nicht nur in uns, sondern auch als Antwort in unserem Umfeld.
Innerer Unfriede schafft äußeren Unfrieden.

Reiben wir uns nicht im Kämpfen auf!

Empörung, Auflehnung, Widerstand: All das basiert auf Abwehr, auf Aversion, letztlich also auf Hass, zumindest aber auf Wut und Zorn.
Tut das wirklich unseren Herzen gut?
Führt das zu Harmonie in uns und untereinander?

Oder macht uns das wieder hart und angespannt, selbst wenn es uns dabei um eine gute Sache geht? Wir können das spüren:
Wie schnell kann das umkippen!

Rückbesinnung aber auf wirkliche Werte, auf Tugenden, jene Qualitäten im Leben, die heilsam sind, auf Mitgefühl, liebende Güte, Wachheit, Wahrhaftigkeit, Bescheidenheit und Herzensfrieden ist Verweigerung im besten Sinn.
Und diese Waffe ist mächtiger, als wir glauben.
Sie verändert uns.
Und wenn wir uns verändern, ändert sich die Welt.

Besinnen wir uns auf unsere menschliche Fähigkeit, selbst zu denken, selbst zu entscheiden, selbst zu handeln, und darauf, wofür wir diese Fähigkeit einsetzen wollen:

Für ein Leben, das nicht zerstört, sondern blühen lässt, das nicht Hass sät, sondern sich auf liebende Güte gründet, das nicht spaltet, sondern versteht.

Besinnt Euch!

Zitate zur Besinnung

'Andere werden grausam sein; da wollen wir nicht grausam sein': so ist Selbstläuterung zu üben.

'Andere werden Lebewesen töten; da wollen wir uns davon enthalten, Lebewesen zu töten': so ist Selbstläuterung zu üben.

'Andere werden nehmen, was nicht gegeben wurde; da wollen wir uns davon enthalten, zu nehmen, was nicht gegeben wurde': so ist Selbstläuterung zu üben.

'Andere werden die Unwahrheit sagen; da wollen wir uns davon enthalten, die Unwahrheit zu sagen': so ist Selbstläuterung zu üben.

'Andere werden gehässig reden; da wollen wir uns gehässiger Rede enthalten': so ist Selbstläuterung zu üben.

'Andere werden grobe Worte gebrauchen; da wollen wir uns grober Worte enthalten': so ist Selbstläuterung zu üben.

'Andere werden habgierig sein; da wollen wir nicht habgierig sein': so ist Selbstläuterung zu üben.

'Andere werden zornig sein; da wollen wir nicht zornig sein': so ist Selbstläuterung zu üben.

'Andere werden rachsüchtig sein; da wollen wir nicht rachsüchtig sein': so sollte Selbstentsagung geübt werden.

'Andere werden verächtlich sein; da wollen wir nicht verächtlich sein': so ist Selbstläuterung zu üben.

'Andere werden herrschsüchtig sein; da wollen wir nicht herrschsüchtig sein': so ist Selbstläuterung zu üben.

'Andere werden neidisch sein; da wollen wir nicht neidisch sein': so ist Selbstläuterung zu üben.

'Andere werden geizig sein; da wollen wir nicht geizig sein': so ist Selbstläuterung zu üben.

'Andere werden betrügerisch sein; da wollen wir nicht betrügerisch sein': so ist Selbstläuterung zu üben.

'Andere werden überheblich sein; da wollen wir nicht überheblich sein': so ist Selbstläuterung zu üben.

'Andere werden schwer zu ermahnen sein; da wollen wir leicht zu ermahnen sein': so ist Selbstläuterung zu üben.

'Andere werden schlechte Freunde sein; da wollen wir gute Freunde sein': so ist Selbstläuterung zu üben..

'Andere werden nachlässig sein; da wollen wir umsichtig sein': so ist Selbstläuterung zu üben.

'Andere werden ohne Vertrauen sein; da wollen wir Vertrauen haben': so ist Selbstläuterung zu üben.

'Andere werden gewissenlos sein; da wollen wir nicht gewissenlos sein': so ist Selbstläuterung zu üben.

'Andere werden unachtsam sein; da wollen wir in Achtsamkeit verankert sein': so ist Selbstläuterung zu üben.

'Andere werden an ihren eigenen Ansichten anhaften, hartnäckig an ihnen festhalten und sie nur unter Schwierigkeiten aufgeben; da wollen wir nicht an unseren eigenen Ansichten anhaften, nicht hartnäckig an ihnen festhalten und sie leicht aufgeben': so ist Selbstläuterung zu üben.

(Pali-Kanon der Lehrreden des Buddha, aus M8, Sallekhasuttaṃ, Übersetzung nach Zumwinkel / Neumann)

„Doch euch sage ich, die ihr zuhört: Liebt eure Feinde, tut wohl euren Hassern, sprecht gut von denen, die euch fluchen, betet für die, welche euch kränken. ... Denn: Wie ihr wollt, dass euch die Menschen tun, tut ihr ihnen gerade so."

„Richtet nicht, dann werdet ihr nicht (von Gott) gerichtet werden. Verurteilt nicht, dann werdet ihr nicht (von Gott) verurteilt werden. Sprecht frei, dann werdet ihr (von Gott) freigesprochen werden. Gebt, dann wird euch (von Gott) gegeben werden. Denn mit welchem Maß ihr messt, wird euch (von Gott) zurückgemessen werden."

„Was aber blickst du auf den Splitter im Auge deines Bruders, den Balken aber in deinem eigenen Auge nimmst du nicht wahr."

„Es gibt doch keinen guten Baum, der ungenießbare Früchte bringt, und umgekehrt keinen unbrauchbaren Baum, der gute Früchte bringt. Jeder Baum wird doch an seiner eigenen Frucht erkannt. Man sammelt doch nicht von Dornen Feigen, und vom Dornbusch liest man keine Traube."

„Was ruft ihr mich: ‚Herr (bist du), Herr!' und tut nicht, was ich sage?"

„Wer aber aber gehört und nicht getan hat, ist vergleichbar einem Menschen, der ein Haus auf Erde gebaut hatte, ohne Fundament; an dem brandete die Flut, und sogleich fiel es zusammen, und der Einsturz jenes Hauses ward groß."

(Neues Testament, Lukasevangelium 6,27ff, Feldrede, Ausschnitte, Übersetzung Eugen Drewermann)

„Und überhaupt ist das der Tugend verbundene Leben in Bezug auf den Leib oder auch auf die Seele angenehmer als das dem Schlechten verbundene und besitzt auch durch anderes, durch Schönheit und Wahrheit, Tugend und Ruhm einen entschiedenen Vorzug, sodass es bewirkt, dass man im Besitz der Tugend im Einzelnen und im Ganzen glückseliger lebt als in der ihr entgegengesetzten Lebensweise."

(Platon, Nomoi 732d, Übersetzung Friedrich Schleiermacher)

„Durch Gebote der Gerechtigkeit den Frieden und die Eintracht unter den Menschen wahren zu wollen, ist unzulänglich, wenn nicht unter ihnen die Liebe Wurzel schlägt." – „Die Tugenden vollenden uns dazu, auf gebührende Weise unseren naturhaften Neigungen zu folgen." – „Am meisten die Sanftmut macht den Menschen mächtig seiner selbst."

(Thomas von Aquin, Übersetzung Josef Piper)

„Fragt man mich, was alle Kreaturen in allen ihren natürlichen Strebungen und Bewegungen suchen, ich würde antworten: Ruhe. (...) Sankt Anselmus spricht zu der Seele: Ziehe dich ein wenig aus der Unruhe äußerer Werke. Zum zweiten: Fliehe und verbirg dich vor dem Gestürm innerer Gedanken, die ebenfalls zu große Unruhe in die Seele bringen. Zum dritten: Der Mensch kann Gott nichts Lieberes bieten als Ruhe."

(Meister Eckehart, Predigt 45)

„Der praktische Grund, warum die Mehrheit regieren und für längere Zeit an der Regierung bleiben darf, wenn das Volk die Macht hat, ist schließlich nicht, dass die Mehrheit das Recht auf ihrer Seite hat, auch nicht, dass es der Minderheit gegenüber fair ist, sondern ganz einfach, dass sie physisch am stärksten ist. Aber eine Regierung, in der die Mehrheit in jedem Fall den Ausschlag gibt, kann nicht auf Gerechtigkeit gründen, nicht einmal, soweit Menschen die Gerechtigkeit verstehen."

„Ich mache mir das Vergnügen, mir einen Staat vorzustellen, der es sich leisten kann, zu allen Menschen gerecht zu sein, und der das Individuum achtungsvoll als Nachbarn behandelt; einen Staat, der es nicht für unvereinbar mit seiner Stellung hält, wenn einige ihm fernblieben, sich nicht mit ihm einließen und nicht von ihm einbezogen würden, solange sie nur alle nachbarlichen, mitmenschlichen Pflichten erfüllten. Ein Staat, der solche Früchte trüge, und sie fallen ließe, sobald sie reif sind, würde den Weg für einen vollkommneren und noch ruhmreicheren Staat freigeben – einen Staat, den ich mir auch vorstellen kann, den ich bisher aber noch nirgends gesehen habe."

„Es spielt keine Rolle, wie gering die Anfänge zu sein scheinen: Was einmal wohl getan ist, ist für immer getan."

(Henry David Thoreau, Übersetzung Walter E. Richartz)

„Was du wagen musst – du selbst zu sein. Was du gewinnen kannst – dass des Lebens Größe sich widerspiegelt in dir nach dem Maß deiner Reinheit."

„Du kannst nicht mit dem Tier in dir spielen, ohne selbst Tier zu werden, mit der Lüge spielen, ohne das Recht zur Wahrheit zu verlieren, mit der Grausamkeit spielen ohne die Zartheit der Sinne einzubüßen.
Wer seinen Garten rein halten will, reserviert keinen Boden für Unkraut."

„Wenn es still wird um dich herum und du in Schreck erstarrst: Du siehst, dass die Arbeit eine Flucht geworden ist vor Angst und Verantwortung, Altruismus ein notdürftig maskierter Masochismus, erkennst des Steppenwolfs Schadenfreude und grausamen Herzschlag – Betäub dich da nicht, indem du wieder der Eile nachläufst.
Sondern halte das Bild, bis du seinen Grund erreicht hast."

„Je treuer du nach innen lauschst, desto besser wirst du hören, was um dich herum ist.
Und nur der, der hört, kann reden."

„Sieh dich nicht um. Und träum nicht von der Zukunft: Sie wird dir weder Verlorenes wiedergeben noch andere Glücksträume erfüllen. Deine Pflicht und dein Lohn – dein Schicksal – sind hier und jetzt."

(Dag Hammarskjöld, Übersetzung René Hirschfeld)

Raum für eigene Zitate zur Besinnung

Quellennachweis der Zitate

Theodor W. Adorno: Minima Moralia, Teil 1/18; Suhrkamp Frankfurt a.M. 1951/2021

Die Lehrreden des Buddha aus der Mittleren Sammlung, Jhana Verlag 2001/ www.palikanon.de

Eugen Drewermann: (Übers., Hrsg.), Die vier Evangelien, Patmos 2004;
Durch Nicht-Machen ist alles gemacht.
www.youtube.com/watch?v=jFOOi31TXLY&t=3198s

Meister Eckehart: Deutsche Predigten & Traktate, Diogenes 1979

Dag Hammarskjöld: Vägmärken, Bonnierpocket 1999

Werner Heisenberg: Das Teil und das Ganze, Piper Taschenbuch 2002

Tanizaki Jun'ichiro: Lob des Schattens, Manesse Verlag 1987

Jochen Krautz: Neoliberale Bildungsreformen als Herrschaftsinstrument, in Fassadendemokratie und Tiefer Staat, Hg. Ullrich Mies, Jens Wernicke, Promedia Verlag 2017

Konrad Lorenz: Die acht Todsünden der zivilisierten Menschheit, Piper Taschenbuch 1973

Josef Piper: Menschliches Richtigsein, St. Benno Verlag Leipzig 1983

Platon - Die Kunst zu leben, hg. von Erich Ackermann, Anaconda 2020

Martin Schleske: Der Klang - vom unerhörten Sinn des Lebens, Kösel-Verlag 2010

Henry David Thoreau: Über die Pflicht zum Ungehorsam gegen den Staat (1849), Diogenes 1967/1973

C. F. von Weizsäcker: Die Sterne sind glühende Gaskugeln und Gott ist gegenwärtig, Herder spektrum, 1992
Bedingungen der Freiheit, Carl Hanser Verlag 1990

Literaturempfehlungen

Eugen Drewermann: An der Quelle des Lebens, Patmos 2020

Peter Echewers: Pharma-Mafia, CreateSpace Independent Publishing Platform 2015

Matthias Eckoldt/René Weiland: Wozu Tugend? AQUINarte 2010

Peter Maass: Öl, das blutige Geschäft, Droemer HC 2010

Hans-Joachim Maaz: Das gespaltene Land, C.H. Beck 2020

Galina Schatalova: Wir fressen uns zu Tode, Goldmann 2002

Filmtipps

Werner Boote: Plastic Planet (2010)

Robert Kenner: Food Inc., was essen wir wirklich? (2009)

Website zur Besinnung: www.liliwa.net

Der Autor

René Hirschfeld wurde 1965 in Wernigerode geboren und studierte an der Hochschule für Musik „Carl-Maria von Weber" Dresden Komposition und Violine; 1987 bis 89 setzte er sein Studium als Meisterschüler fort. 1991 erfolgte die Uraufführung seiner Kammeroper „Bianca" bei den Salzburger Festspielen. Seither wurden seine Werke in nahezu ganz Europa, in Asien, Lateinamerika und den USA aufgeführt. Für seine Kompositionen erhielt Hirschfeld verschiedene nationale und internationale Preise. Sein umfangreiches Oeuvre umfasst nahezu alle Genres. Hirschfeld ist Dozent der Komponistenklasse Sachsen-Anhalt und künstlerischer Leiter des Ensemble Junge Musik Sachsen-Anhalt. Er ist außerdem Autor der 2-bändigen Violinschule „Meine Geigenwunderwelt" (Heinrichshofen Verlag).

Weitere Bücher von C. René Hirschfeld:

Bewegung als strukturelles Gestaltungsmittel in Musik und anderen Künsten, BOD 2017, ISBN 978-3-7448-5454-2
Fritz Schäfer: Die sieben Erwachungsglieder - eine Gipfelstrecke in der Lehre des Buddha, Hrsg. Korvin Reich und C. R. Hirschfeld, Beyerlein & Steinschulte 2021, ISBN 978-3-9452-2409-0

www.renehirschfeld.de

Inhalt

Zeitfracht Medien GmbH
Ferdinand-Jühlke-Straße 7
99095 Erfurt, Deutschland
produktsicherheit@kolibri360.de